敏 mǐn 재빠를 민

甲

머리에 많은 장신구를 꽂은 여성의 모습과 그것을 만지는 한 손을 그렸는데, 빠른 속도로 '민첩하게' 화장을 해야 함을 나타냈다. 그래야만 나머지 시간에 다양한 가사활동을 할 수 있다.

金

(繁) 繁 fán 많을 번

金

매(每)와 멱(糸)의 조합으로 이루어진 회의자이다. 한 여성의 머리에 머리핀과 같은 장식품을 꽂은 것 외에도 많은 색깔의 리본이 장식되었는데, 이로써 '번잡하다'는 추상적 의미를 그려냈다.

姬 jī

金

...뜻이다. 길고 조밀하게 만들어진 빗을 꽂았다는 의미로부터 단순히 비녀만 꽂은 여인보다 신분이 더욱 높음을 표현했음이 분명하다.

宿 xiǔ 묵을 숙

...람이 짚으로 짠 ...리에 누워 있거나, ...의 돗자리에서 ...자는 모습이다. 그...새에 이미 마른 풀을 깔고 자는 것에서 짚으로 짠 돗자리에서 자는 것으로 개선되었다. 이는 밤에 자는 오랜 잠을 표현했으므로, '숙박(宿泊)'이나 '하룻밤'이 지난 시간을 지칭하는데 쓰였다.

金

疾 jí 병 질

甲

한 사람이 화살에 맞아 부상을 당해 쓰러진 모습을 그렸다. 내상으로 인해 침대에 누워있는 녁(疒)자와는 달리, 질(疾)은 외상을 입은 환자를 지칭했다. 또 다른 해석은 병이 나는 것을 모두가 싫어했기 때문에 질(疾)에 '혐오하다'는 뜻이 생겼다고도 한다.

死 sī 죽을 사

甲

옆으로 누워 있거나 위로 누운 사람이 나무로 짠 관 속에 든 모습이다. 때로는 사람 주위로 점이 몇 개 표현되었는데, 이는 부장품을 상징한 것으로 보인다.

葬 zàng 장사지낼 장

甲

나무를 짜서 만든 관 안에 침대 위에서 누운 사람이 그려졌다. 병에 걸렸을 때 비로소 침상 위에 눕는데, 이는 죽음의 준비 단계이다. 침상 위에서 죽음을 맞는 것이 당시의 의식에 부합했다.

篆

---

05 노화, 질병, 사망

夢 mèng 꿈 몽

甲

눈썹이 크게 그려진 귀족이 침대에서 자는 모습인데, 눈을 크게 뜨고 마치 무언가를 보는 것처럼 그려졌다. 고대의 귀족들은 중요한 결정을 내리기 전에 강제로 약을 먹고 잠을 자 꿈에서 문제의 해결방안을 얻고자 하는 습속이 있었다. 의외로 사망할 가능성도 있었고, 또 그의 신분이 존귀하고 높았던지라 특별히 침대 위에 누워 꿈을 꾸도록 했다.

吝 lìn 아낄 린

甲

문(文)과 구(口)의 조합으로 이루어졌다. 죽은 사람이 구덩이에 들어 있는 모습인데, 이 사람을 관에 매장하지 못하고 구덩이를 파서 묻을 수밖에 없음을 표현했다. 이로부터 '애석하다'는 의미를 그려냈다.

篆

文 wén 글월 문

甲

사람의 가슴에는 무늬가 있는 모습이다. 문신은 고대 중국의 매장 의식의 한 형태이다. 시체의 가슴에 칼로 칼집을 새겨 피가 흘러나오게 하여 영혼이 육신에서 빠져나가 부활하도록 했다. 이는 죽은 자의 영혼과 이별하는 의식이었다.

金

妻 qī 아내 처

 긴 머리를 손으로 빗는 여성의 모습이다. 여자들은 성년이 되기 전에 머리를 길러 자연스럽게 처지게 하고, 결혼한 후에는 머리를 말아서 쟁반처럼 얹는다.

 冠 guàn 갓 관

 篆 한 사람의 머리[元]에 손[寸]으로 모자(冃)를 씌우는 모습인데, 이는 남성의 성인의식을 거행하는 동작이다. 의식을 받아들이는 이 사람은 상당히 고급 계층에 속하는 사람이었다.

 婦 fù 며느리 부

 甲 추(帚: 빗자루)는 바닥을 청소하는 도구를 그렸다. 집의 청소는 기본적으로 결혼한 여성의 일이었다. 이후 빗자루라는 뜻과 구별하기 위해 추(帚)에 여(女)를 더해 부(婦)로 분화했다.

 金

04 결혼

 歸 guī 돌아갈 귀

甲 사(自)와 추(帚: 빗자루)의 조합으로 이루어졌다. 아마도 여성이 결혼해 출가할 때 고향의 흙과 빗자루를 함께 가져가던 관습을 반영한 것일 수 있다.

 婚 hūn 혼인할 혼

甲 형성자인데, 신부와 결혼하는 시간이 황혼 때였기 때문에 혼(婚)으로 '결혼'이라는 의미를 그려냈다. 금문에서는 문(聞: 보고를 받다)의 뜻으로 쓰였는데, 자형을 보면 무릎을 꿇은 사람이 입을 크게 벌리고 있는데 입에서 침이 튀는 모습이 그려졌다. 그의 손이 위로 올려간 것으로 보아 특별한 소식을 듣고, 놀라 실의하여 울부짖는 소리를 내는 모습으로 보인다.

金

篆

且 祖 zǔ 조상 조

 甲 차(且)와 신령을 나타내는 시(示)의 조합으로 이루어졌다. 차(且)는 인류 번식의 근본인 남성의 성기 모양(且)으로, 이로써 '(남성) 조상'의 의미를 나타냈다.

 金

 父 fù 아비 부

甲 한 손에 돌도끼를 든 모습이다. 모계사회에서 노동하던 관습에서 의미를 빌려 왔는데, 그것이 성인 남자의 직무임을 말한다.

 母 mǔ 어미 모

甲 무릎에 손을 가지런하게 대고 무릎을 꿇어 낮아있는 한 여성의 모습이다. 가슴에는 두 개의 작은 점이 그려져 여성의 유방을 표현해, 여성이 출산 후에 비로소 아이에게 젖을 먹일 수 있음을 강조했다.

金

匕 妣 bǐ 어미 비

甲 '여성 조상'을 지칭한 한자다. 숟가락을 그렸는데, 숟가락은 국에서 채소나 고깃덩어리를 건져내는 도구이다. 숟가락이 음식을 상징하는 도구였고, 여성들이 주로 사용했기에 이로써 '여성 조상'을 지칭하게 되었다.

金

篆

每 měi 매양 매

甲 여성의 머리칼에 여러 가지 장신구를 꽂은 모습이며, 이러한 일상적인 장면으로써 '풍만미'의 의미를 표현해 냈다.

金

游 yóu 헤엄칠 유

갑골문에서는 어린이와 깃발 하나의 조합으로 되었는데, 어린이들이 장난감 깃발을 갖고 노는 모습을 그렸다. 이후 유(游)는 깃대 위의 깃발이라는 의미로 가차되었다. 바람에 휘날리는 모습이 물결처럼 보이므로 수(水)를 더한 유(游)를 만들었다.

老 lǎo 늙은이 로

머리칼을 느슨하게 풀어헤친 노인의 모습인데(ㅺ), 특별한 모양의 모자와 두건을 착용하고(ㅺ) 손에는 지팡이를 들었다(ㅺ).

孔 kǒng 구멍 공

어린 아이의 머리에 돌기가 있는 모습인데, 그 머리모양을 표현했을 것이다.

孝 xiào 효도 효

자(子)와 노(老)의 조합으로 이루어졌는데, 손자와 할아버지가 함께 걷는 장면을 보여준다. 노인이 아이의 부축을 받아야 걸을 수 있음을 그렸는데, 마침 어린이의 키가 지팡이의 높이로 표현되어 지팡이의 역할을 함을 보여 주고, 이로써 '효도(孝道)'라는 의미를 잘 표현했다.

考 kǎo 상고할 고

머리칼을 느슨하게 풀어헤친 노인이 지팡이를 손에 들고 걷는 모습을 그렸다. 돌아가신 아버지라는 뜻인데, '고문(拷問)하다', '때리다'는 의미도 있다. 어쩌면 노인을 몽둥이로 때려서 죽이던 고대 장례 관습과 관련이 있을 수 있다.

安 ān 편안할 안

여성이 집안에 있는 모습이다. 고대 여성들은 결혼하기 전에는 집밖으로 나가지 않았는데, 여성이 실내에 있는 모습으로써 '안전(安全)'과 '평안(平安)'의 의미를 표현했다.

03 성인

夫 fū 지아비 부

닭 볏처럼 생긴 비녀를 성인(ㅅ)의 머리카락에 꽂은 모습이다. 성년이 되면 남녀를 막론하고 모두가 땋은 긴 머리카락을 머리 위에 쟁반처럼 틀어 얹어야만 했다.

規 guī 법 규

부(夫)와 견(見)의 조합으로 이루어진 표의자이다. 견(見)은 눈에 보이는 이미지를 말하는데, 이로부터 성인의 사물에 대한 성숙한 견해 그것이 바로 '법'이라는 의미를 담았다.

望 wàng 바랄 망

한 사람이 먼 곳의 상황을 살펴보기 위해 높은 곳에서 눈을 크게 뜨고 서 있는 모습이다. 이후 망(望)은 한 달 중 가장 밝은 달(보름달)이라는 뜻으로 가차되었는데, 이를 위해 월(月)도 새로이 더해졌다.

鄰 lín 이웃 린

金 <image描述>
尖
篆
鄰

두 개의 국(口)과 하나의 문(文)이 조합된 모습이다. 국(口)은 직사각형의 구덩이를, 문(文)은 성스러운 죽음 의식을 거행한 죽은 사람을 말한다. 그래서 이 글자는 매장 지역에서 무덤들이 나란히 이웃하여 존재함을 표현하였으며, 이로부터 '인접하다'는 뜻이 나왔다.

還 huán 돌아올 환

甲
欁 婀 娜
金
還 㣹

도로(彳)와 눈썹이 표현된 눈(眼), 그리고 쟁기(十)로 구성되었다. 고대인들은 바깥세상으로 이동하는 경우가 드물었는데, 밖에서 객사한 대부분은 농민출신의 병사들이었다. 제사장은 객사한 이들의 영혼을 끌어 들이기 위해 그들이 사용했던 쟁기로 영혼을 불러들였으며, 그런 다음 시신을 묻었다. 이후 쟁기 대신 옷을 사용하게 되었다.

---

06 죽음과 장례

尸 shī 주검 시

甲 宀
金 宀 尸 宀

2차 매장(두 번째 매장) 때 사용하던 매장 자세이다. 사람이 죽으면 몸이 뻣뻣해지는데, 신체의 살이 다 썩고 백골로 변하기를 기다렸다가 다시 수습하여 배열할 때 이 자세가 나타날 수 있다. 고대 중국인들의 관념에 따르면, 이렇게 해야만 진정으로 인간세상을 떠났다고 간주했다.

微 wēi 작은 미

甲 徵 㣲
金 兪 㣲

한 손으로 막대기를 잡고 뒤에서 머리칼이 길게 자란 노인을 공격하는 모습이다. 고대 중국에서는 환생을 위해 노인을 때려죽이는 관습이 있었다. 아마도 맞아 죽는 노인은 힘이 허약하거나 병이 든 노인이었을 것이다. 그래서 '아프다', '미약(微弱)하다' 등의 뜻이 나왔을 것이다.

弔 diào 조상할 조

甲 㐱 㐲
金 㐲 㐲

한 사람이 밧줄에 묶여있는 것처럼 보인다. 동북 지역에서는 사람이 죽은 다음 몸을 나무에 걸어 놓고 새가 육신을 쪼아 먹게 만들고, 육탈이 된 다음 남은 뼈를 수습하여 묻었다.

叔(殘) cán 해칠 잔

甲 㦳 㦵 㦴
篆 㦶

한 손으로 말라빠진 뼈를 집어 든 모습이다. 시신을 새와 짐승이 먹는 바람에 남은 뼈는 대부분 제대로 모습을 갖추지 못하고 '부서진' 모습이다. 찬(叔)은 잔(殘)의 원래 글자인데, 이를 빌려와 '완전하지 않은 찌꺼기'라는 의미를 표현했다.

叡(壑) hùo 골 학

篆 㪍 㪎

이 글자는 손[又], 말라빠진 뼈[歹], 계곡[谷] 등 세 가지 요소로 구성되어 있다. 사람들은 종종 죽은 사람들의 뼈를 수습하기 위해 깊은 계곡으로 갔는데, 이러한 모습에서 이 글자를 만들었다.

主 zhǔ 주인 주

甲 㞢 㞣 㞤

나무 한 그루 위에 불이 그려진 모습이다. 이는 옛날에 바로 선 나뭇가지로 만든 횃불로 옥외 조명에 사용했기 때문일 것이다. 조상신의 위패 곁은 항상 불을 켜두어야 했기에 신령의 위패 즉 신주(神主)를 지칭하는데도 사용되었다.

示

shì 보일 시

(甲)

선반 위로 만들어진 평평한 대(臺)를 말한다. 아마도 신의 영혼이 기거한다고 상상하는 곳일 수도 있다. 그 위에다 제사를 모시는 제수 품을 놓곤 했는데, 지금은 이를 '제단'이라 부른다.

宗

zōng 마루 종

(甲)
(金)

이곳은 조상의 신령을 존중하며 모시는 곳이며, 동성 종족들이 함께 와서 자신의 선조들에게 제사를 지내는 사당을 말한다.

帝

dì 임금 제

(甲)
(金)

묶어놓은 나뭇가지들로 최고의 신(상제)을 나타냈으며, 다시 정치 조직의 왕으로 그 의미가 발전했다.

鬼

guǐ 귀신 귀

(甲)
(金)

사람이 얼굴에 가면을 쓰고 귀신으로 분장한 모습인데, 신령의 대리인으로 꾸민 것이다. 상나라 때에는 귀(鬼: 귀신)에 '신령'의 뜻이 함께 들어 있었다.

魅

mèi 도깨비 매

(甲)
(篆)

무릎을 꿇고 있는 유령의 몸체 위로 인광으로 인한 빛이 나는 모양이다. 인간의 뼈는 인이라는 광물을 함유하여 녹색 빛을 발산할 수 있다. 사람이 죽은 후 오래 되면 인은 뼈를 떠나서 천천히 공기 중에 남게 되고, 밤이 되면 녹색 불빛을 내는데, '도깨비'라 부른다. 인광을 방출할 수 있다는 것은 강한 '매력'을 가진 오래된 유령을 상징한다.

粦

lín 도깨비불 린

(甲)
(金)

정면으로 서있는 사람의 모습인데, 몸 전체가 인광으로 뒤덮여 있다. 이는 제사장이 몸에 인을 바르거나 인을 칠한 옷을 입고 주술을 부리는 모습으로 추정된다.

熒

yíng 옷에 구멍 날 형

(甲)
(金)

옷 위에 작은 점이 몇 개 그려졌는데, 위쪽에는 두 개의 화(火)자도 더해졌다. 이는 이 옷이 인으로 코팅되어 빛을 방출할 수 있으며, 귀신으로 분장할 때 입는 옷임을 말해 준다.

舜

shùn 순임금 순

(篆)

상자 속에 빛을 낼 수 있는 사람이 든 모습이다. 이는 제사의 대상으로, 감실의 상자 속에 들어 있음을 표현했다. 몸을 인으로 코팅한 신상을 그렸다.

畏

wèi 두려워할 외

(甲)

서 있는 귀신의 손에 몽둥이가 들려진 모습이다. 몽둥이 앞쪽에 갈라진 작은 틈이 있는데, 사람을 해칠 수 있는 딱딱한 물체를 장착한 것으로 보인다. (무서운 형상의) '귀신'이 이러한 무기까지 지녔다면 더욱 무섭고 두려운 존재였을 것이다.

異

yì 다를 이

(甲)

머리에는 가면을 덮어쓰고 양손을 위로 치켜 든 채 서 있는 사람의 모습이다. 야만족의 가면은 대부분 모양이 무섭고 사람을 놀라게 하기에, 이 개념을 빌려 '이상하다'는 의미를 표현했다.

改 gǎi 고칠 개

甲 한 손에 막대기를 잡고 조산한 아이를 때리는 모습이다. '다음에 태어나는 아기는 건강한 아기가 될 수 있기를 바라다'는 의미를 담았고,
金 이로부터 '고치다'는 뜻이 나왔다.

嘉 jiā 아름다울 가

甲 여성을 뜻하는 여(女,𡥀)와 힘을 뜻하는 력(力)의 조합으로 되었는데, 한 여성이 쟁기질을 할 수 있는 남자아이를 안고 있는 모습이다. 고대사회에서 남자아이만이 가업을 계승할 수 있었기에, 남자아이를 낳는 것은 좋은 일이었고, 이로부터 '훌륭하다'는 뜻이 나왔다.
金

好 hǎo 좋을 호

甲 한 여성이 사내아이를 안고 있는 모습이다. 여자에게 안아 줄 수 있는 아들이 있다는 것은 축하할만한 좋은 일이었다.
金

子 zǐ 아들 자

甲 아이의 전체 모습을 그렸다. 손과 발이 모두 그려졌는데, 남자아이든 여자아이든 모두의 공통된 이미지이다. 그러나 고대 가부장제의 관습으로 인해 실제로는 남자아이를 대표하는 데 사용되었다.
金

棄 qì 버릴 기

甲 두 손(𦥑)으로 쓰레받기(𠀬)를 들고 있고, 쓰레받기 안에는 어린 아이(𠫓)가 들어 있으며, 아이 주위로 피를 흘리는 모습이 표현되었다. 고대사회는 의학이 잘 발달되지 않았던지라 신생아 사망률이 매우 높았다. 막 출산한 신생아의 생명을 구할 방법이 없어 쓰레받기로 갖다 버리는 모습이다.
金

帥 shuài 장수 수/솔

金 문의 오른쪽에 수건이 달린 모습이다. 이는 고대 중국에서 여자아기가 태어났다는 신호인데, 수건은 여성이 집안일을 할 때 쓰던 필수품이었기에 여성을 상징하는 물건으로 사용되었다.
篆

---

02   양육

乳 rǔ 젖 유

甲 한 여성이 입을 벌린 아이에게 모유를 먹이는 모습이다.
篆 이로부터 '수유(授乳: 젖을 먹이다)', '우유(牛乳)', '유방(乳房)' 등의 의미가 나왔다.

保 bǎo 지킬 보

甲 등에 업은 아이를 보호하기 위해 손을 등까지 뻗치고 서있는 사람을 그렸다. 이로부터 '보호(保護)하다', '보존(保存)하다' 등의 뜻이 생겼다.

字 zì 글자 자

金 어린 아기가 집에 있는 모습이다. 조상의 영령 앞에서 아기를 소개하여 가족의 성원이 되게 한다는 것을 의미한다. 아이가 자신의 이름을 가져야만 산에 넣을 수 있는 자손이 된다. 아이들은 점점 더 태어나 불어날 것이므로 [기초자인 문(文)이 결합하여 무한대로 만들어내는] '문자(文字)'라는 뜻이 파생되었다.

如 rú 같을 여

甲 여(女)와 구(口)의 조합으로 이루어졌는데, 아마도 여성의 말은 부드럽고 순종적이어야 한다는 의미를 담았을 것으로 추정된다.
篆

유래를 품은 한자

6 삶과 신앙

生

shēng 날 생

풀이 땅 위로 자라나는 모습이다. 풀의 생명력이 강인하여 땅속의 뿌리가 봄날의 기운에 닿자마자 즉시 생기발랄하게 자라나는 모습을 그렸다.

孕

yùn 아이 밸 잉

사람의 배 속(〻)에 이미 모습을 갖춘 아이[子]가 든 모습이다.

身

shēn 몸 신

사람의 배가 부풀어 오른 모습이다. 여성이 임신을 하면 특정 단계에 이르러 배가 크게 부풀어 오르는데, 잉(孕)자로써 '유신(有身: 임신했음)'을 나타냈다.

包

bāo 쌀 포

아직 형상을 이루지 못한 아이가 뱃속에 든 모습이다.

冥

míng 어두울 명

자형을 보면, 태아가 원활하게 나올 수 있도록 양손으로 자궁을 벌리는 모습이다. 명(冥)에는 '어둡다'라는 의미도 있는데, 의학이 아직 발달하지 않았던 고대사회에서 사람들은 산모가 출산하는 방에 사악한 기운이 들어갈까 두려워 어두운 방에서 아이를 낳도록 했기 때문이다.

育 毓

yù   **yù**   기를 육

육(育)은 태아가 자궁 밖으로 미끄러져 나오는 모습을 그렸다. 육(毓)은 반쯤 쪼그리고 앉은 자세의 여성(〻)에, 몸 아래로 아이가 거꾸로(㐬) 나오는 모습이다. 아이 주변으로 양수가 함께 표현되어 출산하는 모습을 그렸다.

兇 xiōng 흉악할 흉

甲 머리에 특수한 모양을 하고 서서 혀를 내밀고 있는 사람의 모습이다. 머리 부분은 귀(鬼)자의 가면과 비슷한데, 악의적인 귀신의 모습일 수 있으며, 이 때문에 '흉악(凶惡)하다'는 의미가 나왔을 것이다.

 祭 jì 제사 제

甲 한 손으로 피가 뚝뚝 떨어지는 생고기 조각을 들고 있는 모습이다. 사람들은 삶지 않은 음식을 먹지 않았기에, 삶지 않은 음식은 신령에게 제사를 지내는 행위를 상징한다. 그래서 '제사'라는 의미가 생겼다.

 燎 liáo 화톳불 료

甲 세운 나무를 불로 태우고 있는 모습이다. '료제사[燎祭]'는 교외의 광활한 땅에서 거행되었으며, 나무를 쌓아 불을 붙여 태우는 제사 행위였다.

 埋 mái 묻을 매

甲 소나 양, 혹은 개를 구덩이에 묻는 모습을 그렸다. 제사를 지낼 때 희생을 땅에 묻었다가 일정 시간이 지난 후 구덩이를 파서 신령들이 그 동물을 즐겼는지 확인했다.

 沈 chén 가라앉을 침

甲 상나라 때의 제의의 하나인데, 신들이 즐길 수 있도록 소나 양을 통째로 물속에 던져 넣는 모습을 그렸다.

金

篆

 血 xiě/xuè 피 혈

甲 쟁반에 희생의 피가 가득 담긴 모습이다. 동물의 피는 상나라 때 신에게 바치던 공물의 하나였다. 이를 바칠 때에는 그릇에 가득 담아서 바쳤다는 뜻에서 명(皿, 접시)을 빌려와 혈(血)자를 만들었다.

金

 盟 méng 맹세할 맹

甲 군사 동맹을 맺을 때에는 동맹을 맺는 사람들이 그릇에 담긴 희생의 신선한 피를 함께 나누어 마셔야 했다. 그 때문에 그릇을 뜻하는 명(皿)자를 활용하여 맹(盟)자를 만들었다.

金

 岳 yuè 큰 산 악

甲 높은 산에 또 겹치는 높은 봉우리가 있어 산들이 여럿으로 중첩된 모습으로, 보통 높은 산이 아니다. 상나라 왕이 가장 자주 제사를 지내던 대상에 악(岳: 산악신)과 하(河: 강신)가 있었다.

 河 hé 강 하

甲 형성자이다. 흐르는 강의 경우 물길이 크고 작은 것을 제외하면 개별적인 차이를 그려내기가 쉽지 않다. 그래서 형성의 방식으로 글자를 만들었다.

 卜 bǔ 점 복

甲 갑골의 뒷면을 불로 지지면 정면에 직선과 수평 모양으로 어떤 운세를 상징하는 선이 나타난다. 이것이 점복의 결과이므로 '점복'이라는 뜻이 생겼다.

金

 占 zhān 차지할 점

甲 갑골문에서부터 복(卜)과 구(口)로 구성되었다. 갑골 위에 나타난 운세를 상징하는 선[卜]의 방향이 신에게 물은 문제에 대한 답안인 셈인데, 일종의 길흉을 판단하는 행위였다.

경성대학교 한국한자연구소
HK+ 한자문명연구사업단 한자총서 04

유래를 품은 한자一

06 인생역정과 신앙

About Characters.

문자학자의 인류학 여행기

허진웅 저
곽현숙 역

도서출판 3

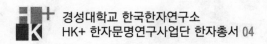

경성대학교 한국한자연구소
HK+ 한자문명연구사업단 한자총서 04

유래를 품은 한자 ❻ 인생역정과 신앙

저자 허진웅((許進雄)
역자 곽현숙
디자인 김소연
펴낸곳 도서출판3

초판 1쇄 인쇄 2021년 1월 10일
초판 1쇄 발행 2021년 1월 15일

등록번호 제2018-000017호
전화 070-7737-6738
전자우편 3publication@gmail.com

ISBN: 979-11-87746-50-8 (93710)

This work was supported by the Ministry of Education of the Republic of Korea and the National Research Foundation of Korea (NRF-2018S1A6A3A02043693)

유래를 품은 한자
제6권
인생역정과 신앙

허진웅 저
곽현숙 역

목차

추천의 글

가장 신뢰할 수 있는 한자학 대중 시리즈"

황계방(세신대학교 종신명예교수,
국립대만대학교 문과대학 전 학장, 국어일보사 전 회장)

　　문자의 발명은 인류사에서 중요한 사건입니다. 한자의 창제는 천지를 경동시키고 귀신을 놀라게 할 정도의 충격적인 일이었습니다. "옛날 창힐이 문자를 만들자, 하늘에서는 곡식이 비 오듯 내렸고, 귀신은 밤을 새워 울었다."라는 기록이 『회남자』에 보입니다. 현재 남아 있는 최초의 한자는 거북 딱지나 짐승의 뼈에 칼로 새긴 갑골문(甲骨文)입니다.

　　갑골문은 고대의 매우 귀중한 문화 유물이지만 19세기 말(1899년)이 되어서야 비로소 발견되었습니다. 1716년에 편찬된 『강희자전』은 갑골문 발굴보다 183년 전에 만들어졌는데, 이미 5만개 이상의 글자를 수록하고 있습니다.

한나라 때의 허신(許愼)이 한자의 창제에 대해 "상형(象形), 지사(指事), 회의(會意), 형성(形聲), 전주(轉注), 가차(假借)"의 6가지 원칙으로 요약한 이후 역대 왕조의 철학자들은 이에 근거해 한자의 형체와 독음 및 의미를 설명하기 위해 열심히 노력해 왔습니다.

그러나 한자의 창제는 관련된 문제는 대단히 복잡해, 허신의 6가지 원칙으로 모두를 포괄하여 설명하기는 어려웠습니다. 그래서 갑골문이 발굴된 이후, 그간 이루어졌던 역대 학자들의 해석에 대해 새롭게 검증이 이루어졌습니다. 물론 재검증과 새로운 해석의 조건을 갖추기 위해서는 갑골문에 대한 특별한 연구 성과가 필요한데, 허진웅(許進雄) 교수는 오늘날 이 방면에서 가장 뛰어난 학자입니다.

허진웅 교수의 한자에 대한 예리한 감각은 무의식중에 우연히 발견되었습니다. 그는 어느 날 한 서점의 서가에 놓여있던 청나라 학자 왕념손(王念孫)의 『광아소증(廣雅疏證)』을 읽고서는 곧바로 흥미를 느끼기 시작했고, 이를 계기로 한자연구의 세계에 들어서게 되었습니다.

1960년 가을, 허진웅 교수는 대만대학의 중문학과에 입학했습니다. 당시 2학년 필수과목이었던 "한자학" 때문에 대부분의 학생들이 골머리를 썩이고 있을 때, 그는 고학년 과목이었던 "고대 문자학"과 대학원에 개설된 "갑골학(甲骨學)" 과목을 청강하고 있을 정도였습니다.

당시 대만대학 중문학과에서 이 영역을 강의했던 교수로, 이효정(李孝定), 김상항(金祥恒), 대군인(戴君仁), 굴만리(屈萬里) 교수 등이 계셨습니다. 모두 당시의 대단한 학자들이셨는데, 그들 모두가 이 특이한 학생에게 특별한 관심을 기울였습니다. 허진웅 교수의 첫 번째 논문이 「은 복사에 나타난 5가지 제사에 대한 연구(殷卜辭中五種祭祀的研究)」였는데, 이는 갑골문자에 근거해 상 왕조의 의례 시스템을 연구한 것입니다. 그는 동작빈(董作賓)

교수와 일본 학자 시마 쿠니오(島邦男)의 이론에 의문을 제기하고 은상 왕조의 왕위 계승에 관한 새로운 계보를 제안하여, 한자학계의 눈을 의심하게 했습니다. 그런 다음 그는 갑골에 남겨진 드릴링 패턴인 찬조(鑽鑿) 형태를 충분히 분석하여 『갑골문의 찬조 형태 연구(甲骨上鑽鑿型態的研究)』를 완성했습니다. 이는 갑골문자 형성의 기초에 대한 직접적인 논의로, 오늘날 갑골 학계에서 그 학술성을 완전히 인정받았습니다. 또한 중국 안양박물관의 갑골문 전시 센터에서 선정한 지난 1백 년 동안 갑골학에 기여한 25명 중 한 명의 학자에 포함되었습니다.

허진웅 교수는 1968년 굴만리(屈萬里) 교수의 추천을 받아, 캐나다 토론토에 있는 왕립 온타리오 박물관(Royal Ontario Museum)의 극동부 연구원으로 근무했으며, 거기에 소장되어 있던 상나라 갑골의 정리 책임자로 일했습니다. 그의 뛰어난 성과로 인해 그는 곧 연구조교, 조교 연구원 및 준 연구원을 거쳐 연구원으로 승진했습니다. 박물관에서 20년 동안 일하면서 그는 중국 문화유적의 수집 및 전시 활동에도 직접 참여했기 때문에 고대 중국 문물을 직접 접촉할 수 있는 풍부한 실전 경험을 가질 수 있었습니다. 이러한 경력은 그로 하여금 중국문자학과 중국 고대사회 연구에 큰 장점을 발휘하게 하였으며, 한자학과 고대사회연구를 서로 보완하여 더욱 훌륭한 효과를 발휘하게 하였습니다.

고대한자에 관해 이야기 할 때, 고대사회와 고대 문화유적에 대한 연구에 뿌리가 없어서는 아니 됩니다. 허진웅 교수는 고대한자에 대한 정확한 분석, 고대한자의 원시의미와 그것의 변화에 대한 해석 등에서 방대한 증거와 논증을 동원하여, 근거를 가진 매우 창의적인 해석을 해왔습니다. 한번은 허진웅 교수가 이렇게 설명한 적이 있습니다. "대문구(大汶口)에서 출토된 상아로 만든 빗을 소개할 때였는데, 갑골문의 희(姬)자를 들어서 헤어 액세서리와 귀족의 신분의 관계에 대해 이야기했었습니다. 또 동주 왕조의 연꽃 꽃잎 모양의 뚜껑이 달린 청동 호리병에 대해 이야기하면서 뚜껑의

술 거르는 필터가 특수하게 설계되었음을 말했습니다. 또 금(金)나라의 채색 목 조각 관세음보살상을 소개하면서 관세음보살의 전설과 신앙을 소개했습니다."

그는 또 미(微)자를 설명하면서 갑골문, 양주 시대의 금문, 진나라 때의 소전으로부터 현대의 해서에 이르기까지의 자형 변화에 근거하고, 게다가 "미(微)는 자세히 보다, 몰래 가다는 뜻이다(眇也, 隱行也)"라는 『설문해자』의 해설에 담긴 의미를 다시 해석하여, 사람들의 의표를 찌르는 전혀 예상치 못한 해설을 제시했습니다. 즉 "미(微)는 맹인이나 힘이 약한 노인을 살해하던 고대의 장례 관습을 반영했으며", 이런 장례 관습은 근세에 이르기까지도 일본에 여전히 존재했다고 했습니다. 유명한 '야마축제(楢山節考)'는 이러한 관습을 탐구한 일본 영화입니다. 허진웅 교수의 이러한 여러 가지 설명은 갑골문과 고대사회사 연구에서 그의 독창성과 정교한 견해를 잘 보여준다 하겠습니다. 그의 책을 읽은 후, 독자들은 감탄을 하지 않으려 해도 감탄할 수밖에 없을 것입니다.

허진웅 교수는 대학에서의 수업은 물론 각종 웹 사이트에 연재한 기사 모두 매우 큰 인기를 끌었습니다. 그의 친구인 양혜남(楊惠南) 교수가 인터넷에서 "은허검객(殷墟劍客, Yinxu Swordsman)"이라는 필명으로 "은허서권(殷墟書卷, Yinxu Book Scroll)"이라는 블로그를 개설하도록 독려했으며, 네티즌의 요구 사항에 따라 133개 한자의 원래 아이디어와 자형 간의 의미를 설명하기도 했습니다. 이러한 글은 섭렵된 내용이 광범위할 뿐 아니라 또 재미있고 말랑말랑하게 쓴 글이어서 독자들의 큰 반향을 얻었습니다.

"유래를 품은 한자" 시리즈는 허진웅 교수의 가장 특별한 책입니다. 그 이유의 하나는 이 총서가 체계성을 가지고 디자인되어 있으며, 동물, 전쟁 및 형벌, 일상생활, 기물 제작, 인생과 신앙 편 등으로 나뉘어져 있어 독자들이 주제별로, 또 체계적으로 고대한자와 고대사회의 삶의 관계를 이해할 수 있다는 점입니다. 두 번째는 이 책이 국내에서는 중국의 철학, 인류학 및 사회학 연구를 융합한 최초의 한자학 대중 독물이라는 점입니다. 세 번째는 허진웅 교수가 국내외의 존경받는 한자학자로, 자신의 키보다 더 높은 많은 논문과 저술을 가진 전문학자이지만, 상아탑의 강의실을 벗어나 독자들에게로 갈 수 있도록, 간략하면서도 흥미롭게 기술하였다는 점입니다. 이 시리즈는 엄격한 학문적 연구와 텍스트 연구를 통한 결과이며, 우아함과 통속이라는 두 가지 토끼를 모두 잡을 수 있도록 하고 있습니다. 그래서 한자에 대한 흥미로운 측면을 다시 인식하게 만들 것이라 믿습니다.

아울러 허진웅 교수의 학문 성취와 업적들은 모든 독자들에게 신뢰받을 것이라 확신합니다.

추천의 글

수많은 이야기를 담은 한자,
『유래를 품은 한자』에서 그 이야기들을 가장 깊고 넓게 풀어내다!

하대안(何大安)
(대만중앙연구원 원사, 언어학연구소 전 소장)

저는 『유래를 품은 한자』를 읽은 소감을 두 문장으로 요약하고자 합니다. 첫 번째 문장은 '한자는 수많은 이야기를 담고 있다.'입니다.

이렇게 말할 수 있는 이유가 뭘까요? 한자의 특색에서 그 대답을 찾을 수 있을 것입니다. 혹자는 문자가 그림문자에서 표의문자로 발전하며, 다시 표의문자에서 표음문자로 발전한다고 주장합니다. 이렇게 '그림에서 시작하여 음성으로 끝난다.'라는 견해는 일부 표음문자의 발전과정이라 해석할 수 있는데, 그것은 말을 음성으로 내뱉는 것에서 그 근원을 두고 있습니다. 그러나 이 문자에 내재된 정보의 질과 양으로 따지자면, 이러한 문자는 '소리'와 그 '소리'로 인해 우연히 생기는 연상 외에는 아무 것도 없습니다. 문자는 극도로 발전하면 절대적인 부호가 되어, 어떠한 문화도 담지 않은 깨끗한 상태와 순수 이성의 기호체계가 됩니다. 이러한 문자에는 문화가 축적된 모든 흔적이 없어졌고, 문명의 창조에서 가장 귀중한 정수인 인문성도 사라졌습니다. 이는 옥을 포장하기 위해 만든 나무상자만 사고 그 속의 옥은 돌려준다는 매독환주(買櫝還珠)와 다를 바 없어, 매우 안타까운 일이 아닐 수 없습니다.

　다행스럽게도 한자는 이러한 인문성을 가지고 있으면서, 수천 년 동안 끊임없이 성장하고 발전해왔습니다. 이렇게 '성장하는 인문정신'은 한자의 가장 큰 특징에 그 근원을 두고 있습니다. 이 특징은 독자들이 예상 못한 것일 수 있습니다. 바로 '사각형 속의 한자'입니다.

　한자는 네모난 글자입니다. 지금으로부터 4~5천 년 전 반파(半坡), 유만(柳灣), 대문구(大汶口) 등 유적지에서 발견된 한자의 최초 형태라고 인정된 부호들을 보아도 이미 가로세로에 순서가 있으며 크기도 거의 비슷한 '네모난 글자'였습니다. '네모'났기 때문에 이들과 다른 그림문자, 예를 들면 고대 이집트 문자와는 처음부터 전혀 다른 발전 경로를 걷게 되었습니다. 이집트 문자는 '한 장의 그림으로 된' 표현들입니다. '한 장'에서 하나의 그림을 구성하는 각각의 구성성분들은 명확하게 독립된 지위가 없으며, 단순한 부속품으로 존재할 뿐입니다. 한자의 '사각형'은 원시 그림의 구성성분들을 추상화시켜 독립하여 나온 것입니다. 하나의 네모난 글자는 독립된 개념을 나타내며, 서술의 기본 단위가 됩니다. 고대 이집트 문자의 구성성분에서 최종적으로 '단어'가 된 것은 매우 드물며, 대부분 의미가 없는 음표 기호가 되었습니다. 한자에서 각각의 네모는 모두 독립된 '단어'가 되었으며, 자기만의 생명력과 역사성을 지닙니다. 그러므로 '사각형'은 '그림'을 추상화시킨 결과입니다. '구상'에서 '추상'으로, '형상적 사유'에서 '개념적 사유'로의 발전은 문명을 더욱 높은 경지까지 끌어올리는 것이며, 인문정신을 널리 펼치는 것입니다.

　그래서 한자의 숫자는 가장 기본적인 개념의 숫자와 동일합니다. 이것이 '한자에 이야기가 많다.'고 말한 첫 번째 이유입니다. 한자의 전승은 수천 년 동안 가차와 파생을 거쳐 다양한 개념과 의미, 사용 과정에서의 변화를 만들어냈습니다. 그리하여 각각의 글자에 모두 자신만의 변천사를 가지고 있습니다. 이것이 '한자에 이야기가 많다.'고 말한 두 번째 이유입니다.

　세 번째 '많음'은 누가 말한 이야기인지와 관련 있습니다. 조설근(曹雪芹)이 말한 『홍루몽(紅樓夢)』에는 이야기가 많습니다. 포송령(蒲松齡)이 말한 『요재지이(聊齋志异)』에도 이야기가 많습니다. 한자는 문화의 역사를 반영하고 있습니다. 성곽이나 도읍과 관련된 것들은 고고학자가 말할 수 있고, 종이나 솥이나 제기와 관련된 것들은 대장장이가 말할 수 있으며, 새와 들짐승과 벌레와 물고기와 관련된 것들은 생물학자가 말할 수 있으며, 생로병사와 점복과 제사와 예악과 교화와 관련된 것들은 의사나 민속학자나 철학자들이 말할 수 있습니다. 그러나 수많은 한자를 모아 하나의 체계를 완성하고 정밀함을 다하며, 한자에 담긴 수많은 이야기들을 풀어낼 수 있는 사람은 누구일까요? 제가 읽었던 비슷한 작품 중에서 『유래를 품은 한자』의 저자인 허진웅 교수만이 그렇게 할 수 있을 것입니다. 그러므로 제가 말하고 싶은 두 번째 문장은 다음과 같습니다. '『유래를 품은 한자』에서 옛 이야기들을 가장 깊고 넓게 풀어내고 있다.'고 말입니다.

추천의 글

이 책은 한자문화의 유전자은행이다.

임세인(林世仁)
(아동문학작가)

십여 년 전, 제가 갑골문의 탄생에 흥미를 가졌을 때, 세 권의 책이 저를 가장 놀라게 하였습니다. 출판 순서에 따라 나열하면, 허진웅 교수의 『중국고대사회(中國古代社會)』, 세실리아 링퀴비스트(Cecilia Lindqvist)의 『한자왕국(漢字王國)』(대만에서는 『한자 이야기[漢字的故事]』로 이름을 바꿨다. 한국어 번역본, 김하림.하영삼 옮김, 청년사, 2002), 당낙(唐諾)의 『문자 이야기[文字的故事]』입니다. 이 세 권의 책은 각각 고유한 방향을 제시하고 있습니다. 즉 『중국고대사회』는 갑골문과 인류학을 결합시켜 '한자그룹'을 통해 고대사회의 문화적 양상을 구성해내었습니다. 『한자왕국』은 갑골문과 이미지를 결합시키고 사진과 영상과의 대비를 통해 한자의 창의성에 감탄하게 만들었습니다. 『문자 이야기』는 갑골문과 에세이를 결합시켜 한자학을 문학적 감각으로 물들여 놓았습니다.

십여 년 동안, 중국과 대만에서는 『설문해자』의 각종 신판본이 쏟아져 나왔습니다. 그러나 사실 이들은 옛 내용을 새롭게 편집한 것이거나 『한자왕국』이 개척한 길 위에 몰려있는 것이 대부분입니다. 『문자 이야기』의 경우, 장대춘(張大春)의 『몇 글자를 알아보자[認得幾個字]』 등과 같은 몇몇 아류작들이 있지만, 『중국고대사회』는 아직까지 이와 비슷한 저작이 나온 적이 없습니다. 어째서일까요? 이 책은 문자학의 범주에서 벗어나 인류학과 고고학을 결합시키고 여기에다 문헌과 기물과 고고학 자료들로 보충하여, 이미 일반인들이 쉽게 따라할 수 있는 수준이 아니었기 때문입니다.

이번에 허진웅 교수는 관점을 새로이 바꿔, 직접 한자 자체를 주인공으로 한 『유래를 품은 한자』 시리즈를 통해 독자와 다시 만납니다. 일곱 권이 한 세트로 된 이번 시리즈는 '한 권이 하나의 주제'로 되어 있으며, 독자를 '각 글자들이 담고 있는 세계'로 데려다 주어 옛 사람들이 글자를 만든 지혜를 보고 한자 뒤에 숨겨진 문화의 빛을 보게 합니다.

옛 사람들은 글자를 만들면서 그 글자에 대한 설명을 남기지 않기 때문에, 후대 사람들은 글자를 보고 각자의 능력에 따라 그 어원을 되짚을 수밖에 없었습니다. 허진웅 교수의 장점은 일찍이 박물관에 재직하면서 갑골을 직접 정리하고 탁본한 경험을 가지고 있다는 점입니다. 이로 인해, 그는 고서를 통해서 옛것을 고증하는 일반 문자학자의 훈고학 틀을 벗어날 수 있었습니다. 또한 그는 박물관에서 넓힌 시야를 통해, 신중하게 증거를 찾는 능력과 대담하게 가정하는 용기를 갖게 되었습니다. 이 부분이 제가 가장 존경하는 부분입니다.

예를 들어, 그는 갑골을 불로 지지기 위해 판 홈인 찬조 형태를 가지고 복사의 시기를 알아내었고, 갑골문과 쟁기의 재질을 통해 상나라 때 이미 소로 밭을 가는 우경이 이루어졌음을 밝혀내었습니다. 또 기후의 변화로 인해 코끼리나 코뿔소나 해태와 같은 동물들이 중국에서 자취를 감추게 된 원인도 해석하였습니다. 거(去, 🔾)자를 '대변을 보는 것'에서 영감을 얻어 만들었다고 해석한 것은 사람들의 눈을 번쩍 뜨이게 하는 부분입니다. 그래서 이 시리즈는 진부한 말들을 나열한 것이 아니라 '허진웅 교수만의 특색'

이 담긴 책인 것입니다.

한자학을 모른다 해도, 갑골문을 보면 흥미가 일어납니다. 사람이 성장하듯 한자도 성장합니다. 성장한 한자는 어릴 때와는 많이 다릅니다. 예를 들어, 위(爲)자는 원래 사람이 코끼리의 코를 끌고 있는 모습(🐘)으로, '하다'라는 뜻을 가지고 있습니다(나무를 옮기러 가야 했을 것입니다). 축(畜: 가축)자는 의외로 동물의 창자와 위의 모습(🜂)인데, 우리가 평소에 먹는 내장은 모두 가축으로 기른 동물에서 나온 것이기 때문에 이런 뜻을 갖게 되었습니다. 금문에서 함(函, 🜁)자는 밀봉한 주머니에 화살을 거꾸로 넣은 모습이기에, 이로써 '포함하다'라는 의미가 생겼습니다. 이러한 것들은 사람들에게 '한자의 어린 시절을 보는'듯하여 놀랍고도 기쁜 마음과 큰 깨달음을 안겨 줍니다.

이 시리즈에 수록된 모든 한자들에는 갑골문이나 금문의 자형들이 나열되어 있어, 마치 한자의 그림판을 보는 것 같습니다. 예를 들어 록(鹿)자는 한 무리가 줄지어 서 있는 모습인데 보기만 해도 정말 귀엽습니다. 또 어떤 글자는 해서체는 익숙하지 않다 해도, 갑골문이 상당히 흥미로운 경우가 있습니다. 바로 공(龏)자가 그렇습니다. 이 글자는 거의 아는 사람이 없을 것입니다. 그런데 이 글자의 금문 자형을 보면 '두 손으로 용을 받쳐 들고 있는 모습'으로 신비롭고 환상적이기까지 합니다. 이러한 글자들이 많기 때문에, 이들의 갑골문을 보는 것만으로도 독특한 경험이 될 것입니다.

저도 최근 몇 년 동안 흥미로운 한자들을 정리하여 어린 독자들에게 소개하기 시작했습니다. 언제나 제 책상머리에 있는 책이 바로 허진웅 교수의 책이었습니다. 비록 어떤 뜻풀이에 관한 지식이 저에게는 '흰 것은 종이요, 검은 것은 글자'처럼 어렵기도 하지만, 글자를 만드는 창의성과 그 속에 내포된 문화를 보는 재미를 방해하진 못했습니다.

한자는 중국문화의 유전자로,『유래를 품은 한자』시리즈는 대중을 향한 유전자은행이라고 할 만합니다. 일찍이 진인각(陳寅恪) 선생께서는 "글자 하나를 해석하는 것은 한 편의 문화사를 쓰는 것이다."라고 하였는데, 이 시리즈가 바로 이 말의 발현이자 예시라고 하겠습니다.

서문

한자의 변화에는 관찰할 수 있는 흔적이 숨어 있다.
한자의 융통성과 공시성(共時性)

허진웅

캐나다의 온타리오 왕립 박물관에서 은퇴한 후 대만으로 다시 돌아와 대학의 중국학과에서 강의를 했는데 사실은 이미 은퇴한 상태였습니다. 원래는 먹고 노는 재밋거리로 시작하였기에 아무런 스트레스도 없었습니다. 그런데 필자의 친구인 황계방(黃啟方) 교수가 뜻하지도 않게 필자를 『청춘 공화국』이라는 잡지에 추천하여 한자에 담긴 창의적 생각을 매월 한 편씩의 글로 쓰게 하였는데, 바로 청소년들을 대상으로 한 것이었습니다. 원래는 이 일이 매우 간단하고 쉬운 일일 줄로 알았습니다. 그러나 몇 편의 글이 나가자 생각지도 않았는데 풍(馮) 회장께서 같은 성격의 대중적인 한자학 총서를 저술하여 고대한자와 관련 사회적 배경을 범주별로 소개하자고 제안했습니다.

필자는 일찍이 『중국고대사회』(한국어 번역판, 홍희 역, 동문선, 1991)를 출판한 적이 있는데, 이 또한 한자를 관련 주제와 범주로 나누어 고대 중국사회의 몇몇 현상에 대해 토론하고, 관련 고대 인물을 소개하였기에, 이를 바탕으로 새로운 자료를 추가하고 재결합한다면 기대에 대체로 부응할 수 있을 것이라고 생각했습니다. 그래서 선뜻 동의해버렸습니다. 지금 그 첫 번째 책이 완성되었으므로, 이 기회를 빌려 '한자가 갖고 있는 융통성과 공시성'을 이 책을 읽기 위한 지침으로 활용하고자 합니다.

중국은 아주 이른 시기부터 문자를 가지고 있었는데, 처음에는 대나무찌와 같은 죽간(竹簡)을 일반적인 서사 도구로 사용했습니다. 그러나 죽간은 오랜 세월 동안 땅속에서 보존되기가 쉽지 않기에 발견될 때 이미 부식되고 썩어버렸습니다. 그래서 지금 볼 수 있는 것들은 거북이 껍질 또는 짐승의 견갑골(어깻죽지 뼈)에 새겨진 갑골문이나 일부 주조된 청동기에 새겨진 명문들과 같이 모두가 잘 썩지 않는 재료들입니다. 갑골문자가 절대 다수를 차지하기 때문에 모두 갑골문이라는 이름으로 상 왕조의 문자를 통칭합니다. 상 왕조의 갑골문의 중요성은 하나는 그 시기가 이르다는 것이고, 또 수량이 많아서 한자의 창의성을 탐구하는 데 없어서는 안 될 재료라는 데 있습니다. 이와 동시에, 그것들은 상 왕실의 점복 기록으로, 상나라 왕 개인은 물론이고 나라를 다스리면서 마주했던 여러 가지 문제를 포함하고 있기에, 상나라 최고 정치 결정과 관련된 진귀한 제1차 사료입니다.

상 왕조의 갑골문에서 한자의 자형 구조는 그림의 단순성, 필획의 수 또는 구성성분의 배치에 국한되지 않고 의미의 표현에 중점을 두었습니다. 그래서 자형의 변이체가 다양하게 존재합니다. 예컨대, 물고기를 잡는다는 뜻의 어(魚)자를 갑골문에서는 ❶(물속에서 물고기가 헤엄치는 모습), ❷(낚싯줄로 물고기를 낚는 모습), ❸(그물로 물고기를 잡는 모습) 등 창의적 모습으로 다양하게 표현되고 있습니다.

또 다른 예로는, 출산을 뜻하는 육(毓)(=育)자의 경우, 갑골문에서 두 가지 다른 독창적 인 구조가 보입니다. 하나는 임산부가 피를 흘리는 아기를 낳는 모습이고❹, 다른 하나는 아기가 이미 자궁 밖으로 나온 모습입니다. 앞의 자형의 경우, 어머니는 머리에 뼈로 만든 비녀를 꽂았는지 그러지 않았는지의 차이가 있습니다. 심지어 대대적으로 생략하여 여성이 남성처럼 보이는 모습으로 되기도 했으며, 심한 경우에는 아이를 낳는 여성을 아예 생략해 버린 경우도 있고, 또 어떤 경우에는 한 손으로 옷을 잡고서 신생아를 감싸는 모습이 그려지기도 했습니다.

게다가 아기가 자궁 밖으로 미끄러지는 자형의 경우, 두 가지의 위치 변화가 존재합니다. 설사 육(毓)(=育)자의 자형에 많은 변화가 있었지만 육(毓)(=育)자가 표현한 창의성을 이해한다면 이 이체자들에 대한 이해도 가능합니다.

갑골문은 절대 다수가 칼로 새긴 것이기 때문에, 필획이 칼의 작동에 영향을 받아서 둥근 필획은 종종 네모나 다각형의 모양으로 새겨집니다. 이 때문에 청동기의 명문이 그림에 가까운 것만큼 흥미롭지는 않습니다. 예컨대, 어(魚)자의 경우, 초기 금문의 자형이 갑골문보다 훨씬 사실적입니다❺. 상 왕조 시대의 갑골문자는 2백여 년 동안의 상나라 왕실의 점복 기록입니다. 그래서 사용 환경과 장소가 제한적이며 전용 기관도 존재했습니다. 그 때문에 각 시대의 서체 스타일 특성은 비교적 쉽게 이해할 수 있습니다. 그리고 시기 구분에 대한 엄격한 표준도 이미 마련되었기에 각각의 갑골 편에 대한 시대를 결정하는 것은 어렵지 않습니다. 이러한 점은 한자의 변화 추이와 제도 및 관습의 진화 등과 같은 다양한 문제의 탐구에 매우 편리하고 유익합니다.

모든 민족의 언어는 줄곧 천천히 변화해 왔습니다. 알파벳 체계를 사용하는 문자의 경우 종종 언어의 변화를 반영하기 위해 철자법을 변경하는 바람에 고대부터 현대에 이르기까지 언어의 여러 단계가 전혀 관계없는 완전히 다른 언어처럼 보이게 되었습니다. 발음의 변화는 개별 어휘에 반영될 뿐만 아니라 때때로 문법 구조를 변화시키기 때문에, 같은 언어 체계의 여러 방언이 의사소통을 할 수 없을 정도로 완전히 다른 경우도 있습니다. 그래서 특별한 훈련 없이는 100년 이전의 문자도 전혀 이해할 수가 없습니다. 그러나 중국의 한자는 설사 글자와 어휘의 발음과 외형이 크게 바뀌었지만 수천 년 전의 문서라 하더라도 그것을 읽는 것은 어렵지 않는데, 이것이 한자의 큰 특징 중의 하나입니다. 이러한 특징은 고대 중국 문화 탐색에 관심 있는 사람들에게 큰 편의를 제공해 줍니다.

서구 사회가 알파벳의 길을 택한 것에는 응당 그 언어의 본질에 영향을 받았을 것입니다. 서구 언어는 다음절 시스템에 속하여 몇 가지 간단한 음절을 조합하여 다양한 의미의 어휘를 쉽게 만들 수 있습니다. 음절이 많고 가능한 조합이 다양하기 때문에 여러 음절을 사용하여 오해 없이 정확한 의미를 표현할 수 있습니다. 이것이 서구어의 장점이자 편리한 점입니다. 그러나 중국어는 단음절에 치중되어 있어 말할 수 있는 음절이 제한되어 있습니다. 만약 많은 단음절 음표 기호로써 의미를 표현할 경우 의미 혼동의 문제에 직면하기 때문에, 오늘날 같이 알파벳의 길을 걷지 않고 의미 표현 형태로 발전할 수밖에 없었습니다.

한자는 의미를 표현하기 위해 음성 기호를 사용하지 않기 때문에 문자 모양의 변화는 언어의 진화와 직접적으로 관련이 없습니다. 예를 들어, 대(大)자를 진(秦)나라 이전 시대에는 /dar/로, 당송 왕조에서는 /dai/로 읽었으며, 오늘날의 표준어에서는 /da/로 읽습니다. 또 목(木)자의 경우, 진(秦) 이전 시대에는 /mewk/으로 읽었고, 당송 왕조 시기에는 /muk/처럼 읽혔고, 오늘날에는 /mu/로 읽힙니다.

글자 형태의 경우, 옛날을 뜻하는 석(昔)자의 경우, 갑골문에서는 ❻과 같이 표현했는데, 홍수를 걱정거리로 생각하던 시절이 이미 '지난날'의 일이 되었다는 의미입니다. 상나라 후기에 이르면 홍수를 제어하는 기술이 향상되어 홍수가 더 이상 주요 재난이 아니게 되었으므로, 석(昔)이 과거의 시간대를 표현하는 데 사용되었던 것입니다.

주나라 때의 금문(金文)의 경우에도 자형에 ❼처럼 다양한 이미지가 표현되고 있습니다. 진(秦) 왕조에서 한자는 통일되었고, 소전(小篆)이라는 고정된 자형이 등장했습니다. 한 왕조 이후에는 더욱 진일보하게 필세를 바꾸어 예서(隸書)와 해서(楷書) 등이 등장하여 지금의 석(昔)자가 되었습니다.

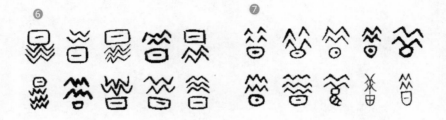

수천 년 동안 한자는 그림과 같은 상형 문자에서 지금처럼의 매우 추상적인 구조로 진화했지만, 자형의 진화는 추적 가능하고 약간의 훈련만으로도 인식할 수가 있습니다. 융통성과 동기화(공시성)는 한자의 가장 큰 특징입니다. 개별 한자에는 수천 년에 걸친 글자 형태에 대한 모든 종류의 변화가 포함되어 있을 뿐만 아니라, 수천 년 동안 각기 다른 시대와 다른 지역에서 존재했던 다양한 독음 정보도 내포되어 있습니다. 약간의 연구만으로, 우리는 상 왕조 이래로 3천년 이상 이어진 문헌을 읽어 낼 수 있을 뿐만 아니라, 당(唐)나라에서 단어가 그것들이 어떻게 발음되었던 지에 관계없이 그들이 쓴 시를 이해할 수 있습니다.

　　마찬가지로, 다른 지역의 방언은 서로 대화할 수 없었지만, 그 시대의 문자 이미지는 일치했었기 때문에 글을 써서 서로 소통할 수 있었습니다. 중국의 영토가 그렇게 넓고, 지역도 종종 큰 산과 강으로 격리되어 있으며, 인종도 매우 복잡하지만, 공감하고 식별 가능한 그룹으로 통합될 수 있었는데, 이러한 특별한 언어적 특성이 그것의 중요한 요소임이 분명합니다. 한자는 겉보기에는 매우 복잡하고 배우기 쉽지 않은 것으로 보이지만 실제로는 한자를 만들 때 비슷한 방식으로 유추할 수 있는 규칙이 존재하며 일관된 논리를 가지고 있으므로 억지로 외울 필요가 없습니다. 특히 한자의 구조는 끊임없이 변화하고 있으며 필획은 우아하고 아름다우며 스타일은 독특하기 때문에, 알파벳 필기 시스템의 문화와 비교할 수없는 높은 수준의 독특한 서예 예술을 형성하기도 했습니다.

세계의 오래된 고대 문명에 존재하는 표의문자는 그 시대의 사회적 모습을 이해할 수 있게 해줍니다. 이러한 문자들은 회화성이 매우 강하기 때문에 당시에 존재했던 동물과 식물뿐만 아니라 사용된 도구에 대해서도 정보를 제공해줄 뿐 아니라, 종종 문자를 만들 당시의 구상과 이를 통해 의미를 표현하고자 했던 사물의 정보를 엿볼 수 있게 해 줍니다. 한 글자의 진화 과정을 추적할 때 때로는 고대 기물의 사용 정황, 풍속과 관습, 중요한 사회 시스템, 가치 개념과 공예의 진화 등과 같은 여러 가지 흔적을 살펴볼 수 있습니다. 서구의 초기 문자에서는 음절로 언어를 표현하는데 편중되었기 때문에 이미지로 표현한 글자가 매우 적습니다. 이 때문에 고대 사회의 동태를 탐구하는 데 사용할 수 있는 자료가 거의 없습니다. 그러나 중국의 경우 언어의 주체가 단음절이므로 동음어 간의 혼동을 피하기 위해 이미지를 통해 추상적인 개념을 표현했고, 생활의 경험과 연관성을 사용하여 문자를 만드는 데 최선을 다했습니다. 이 때문에 한 글자의 창의성을 이해하기만 하면 글자 창조 당시의 사회적 배경과 삶의 경험을 어느 정도까지는 이해할 수 있습니다.

제1부

출생

사람들이 문자를 만드는 것은 일상생활을 편리하게하기 위함이고 문자를 만든 큰 이유 중 하나도 바로 다양한 삶의 형태를 표현하기 위해서이다. 출생, 늙음, 병듦, 죽음은 인간이 겪어야 할 불가피한 삶의 과정이므로 고대인들은 출생, 늙음, 병듦, 죽음의 여러 단계에 대한 문자를 만들어야 했다.

고대인의 삶과 건강상태는 현대인보다 훨씬 좋지 못했다. 만약 삶과 건강이 풀처럼 강인할 수 있다면 얼마나 좋을까! 중국의 고대 상나라 왕조는 종종 생존에 관한 점을 쳤다. 당시 사람들은 수명이 정해져 있다고 생각하여 불로장생 같은 허황된 꿈이나 생존의 유지가 아닌 새로운 삶의 탄생을 원했기 때문이다.

그래서 문자 생(生)자는 출산과 생산에 중점을 두고 만들었으며 이후 '신선한 생명력', '초기 단계', '미숙련된 단계'의 의미로 파생되었다.

날 생

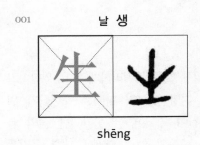

sheng

생명을 가지고 그것을 유지하는 것은 생물 스스로가 할 수 있는 일이 아니다. 그리고 한 종족이 강대해질 수 있는지 없는지는 그들의 생식 능력에 달려있다고 해도 과언이 아니다.

　갑골문의 생(生)자❶는 땅 위에 푸른 풀이 자라고 있음을 나타낸다. 푸른 풀은 생명력이 매우 강인하여 약간의 뿌리만 존재해도 매서운 겨울을 지나 봄의 기운을 닿으면 곧바로 활발하게 자란다.

　문자의 변천 과정을 보면 늘 세로줄에 점 하나를 찍어 장식부호로 쓰이다가 이 점 하나가 다시 가로의 짧은 그림으로 변하고 그 뒤에 똑같은 길이로 연장되었다. 금문의 생(生)자❷자형이 이러한 과정을 그대로 나타내주고 있는데 이 자형(↓)에 근간하여 형태가 변형된 것이다(↓→ ↓→↓). 『설문해자』에서는 이렇게 해석했다.

> "생(↓)은 나아가다는 뜻이다. 초목이 나와서 흙 위로 솟아나는 것을 형상하였다. 생(生)부수에 속하는 글자는 모두 생(生)이 의미부이다."
> (↓, 進也. 象艸木生出土上. 凡生之屬皆从生.)

　『설문해자』에서 말하는 생(生)자의 소전 자형은 가로획 한 획이 더 추가되었지만 그 해석은 정확한 편이다.

아이 밸 잉

孕　身

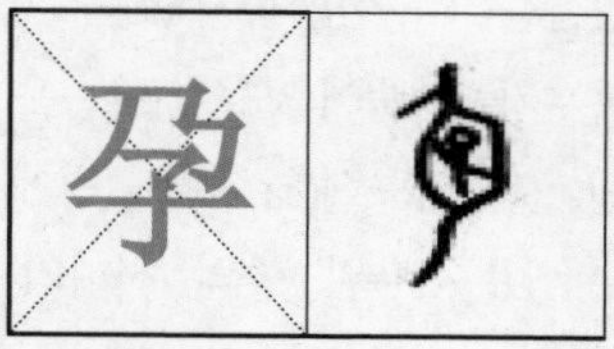

yùn

고대인들은 새로운 생명의 탄생을 매우 중요하게 여겼다. 그래서 새 생명의 조짐이 보이면 그들의 조상신에게 순산을 기원하였는데 그 과정을 표현하고 기록할 언어와 문자가 필요했다.

　갑골문의 잉(孕)자(身)는 사람의 뱃속에(人) 이미 형체를 갖춘 아이(子)가 있음을 나타낸 것이다. 고대인들은 여자의 월경이 멈추는 것은 임신의 조짐이라고 생각했지만 초기 징후가 뚜렷하지 않아 배가 불룩해졌을 때 비로소 임신이라 확신하였다. 그래서 갑골문에 임신은 '유신(有身)'이라 불렀다.

003 **몸 신**

shēn

갑골문의 신(身)자❶는 사람의 복부가 부풀어 오른 모습을 나타 낸 것이다. 신(身)자는 '병에 걸릴 수 있는 부위 중의 하나가 복부' 라는 의미를 가지고 있다. 여자는 임신 중 어느 단계에 이르면 배 가 눈에 띄게 부풀어 오르기 때문에 '유신(有身)' 으로 임신 사실을 표시했다.

금문의 신(身)자❷는 두 가지의 자형 변화가 있다. 하나는 배에 작 은 점을 넣은 것인데 이는 문자 그대로의 변천으로 다른 깊은 뜻은 없 다. 다른 자형 하나는 배 아래에 짧은 가로획을 더한 것으로 이 또한 특별한 의미가 없다.

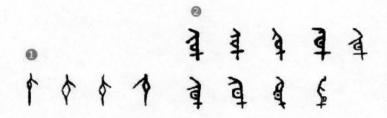

금문 이후의 자형에서 신체 형상 이외의 획을 더 많이 그렸는데 이로 인해 허신(許慎)은 신(身)자에 대해 잘못 판단하게 된다. 『설문해자』에서는 이렇게 해석했다.

> "신(𦜝)은 몸이라는 뜻이다. 인(人)이 의미부이고 신(申)의 생략된 모습이 소리부다. 신(身)부수에 속하는 글자들은 모두 신(身)이 의미부이다."(𦜝, 躬也. 从人, 申省聲. 凡身之屬皆从身.)

신(身)자는 원래 상형자이나 허신(許慎)은 이를 소리부가 신(申)의 생략형인 형성자로 오해한 것이다.

004 **쌀 포**

bāo

신(身)과 잉(孕) 자형은 모두 포
(包)자의 자형에 가깝다. 포(包)
자는 비록 초기의 자형은 없지만
소전에서 그 독창성을 엿볼 수
있다.

『설문해자』에서는 다음과 같이 설명했다.

"포(⦿)는 임신하다는 뜻인데 사람이 아이를 밴 모습을 표현했다. 사
(巳)가 가운데 있으며 아이의 형태가 아직 이루어지지 않았음을 의미한
다. 원기(元氣)는 자(子)에서 일어나는데 자(子)는 사람이 생겨나는 지
지(地支: 육십갑자의 아래 단위를 이루는 요소인 자(子)·축(丑)·인(寅)
·묘(卯)·진(辰)·사(巳)·오(午)·미(未)·신(申)·유(酉)·술(戌)·해
(亥))를 말한다. 남자는 자(子)로부터 세어 왼쪽으로 30년을 가면 사(巳)
에 서고 여자는 자(子)로부터 세어 오른쪽으로 20년을 가면 역시 사
(巳)에 서서 부부로 합쳐진다. 사(巳)에서 회임하므로 사(巳)는 자(子)가
된다. 열 달 만에 태어나는데 남자는 사(巳)에서 일어나서 인(寅)에 이
르고 여자는 사(巳)에서 일어나서 신(申)에 이른다. 그래서 남자는 인
(寅)에 해당하는 시기에 태어나고 여자는 신(申)에 해당하는 시기에 태
어난다. 포(包)부수에 속하는 글자들은 모두 포(包)가 의미부이다."
(⦿, 象人裹懷妊, 巳在中, 象子未成形也. 元气起於子. 子, 人所生也.
男左行三十, 女右行二十, 俱立於巳, 為夫婦. 裹妊於巳, 巳為子, 十月
而生. 男起巳至寅, 女起巳至申. 故男季始寅, 女季始申也. 凡包之屬皆
从包.)

허신(許愼)은 포(包)자가 뱃속에 아직 형태를 갖추지 못한 아이의 모습이라고 설명하는데 이 해석은 아주 정확하다. 하지만 임신과 12간지의 관계를 부연 설명할 필요까지는 없다.

사실 포(包)자의 사(巳)(🦐)와 12간지의 사(巳)(🦐)는 원래부터 다른 형태이며 아무런 관계가 없다. 이 둘은 자형의 변천 결과를 거쳐 이후에 같은 모양으로 된 것인데 미성숙한 태아의 형상을 의미하는 것으로 보아 이것(🦐)은 개(改)자에서 나온 것으로 짐작할 수 있다.

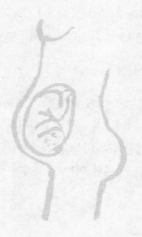

005

고칠 개

gǎi

갑골문의 개(改)자❶는 한 손에 몽둥이를 들고 태아(미성숙한 영아)를 때리는 모습이 담겨있다. 이것은 죽은 태아를 학대하는 풍습으로 아주 오래된 관습이었다.

옛날에는 지역 사회가 단절되어 있어서 사람들은 근친 교배를 하여 기형아를 낳는 경우가 많았다. 귀주(貴州), 호남(湖南), 대만(臺灣) 등에서 내려오는 생명이 만들어지는 신화에 따르면 사람들 사이에 비정상적인 아이가 태어나면 사람들은 신에게 도움을 청했다. 신은 그들에게 잘못 태어난 아이를 여러 조각으로 잘라서 매질을 하거나 여러 사람이 다니는 땅에 묻어서 사람들에게 짓밟히도록 하여 그 속의 요괴를 내쫓아야지만 정상적인 아이가 태어나 그들의 번식이 가능하다고 했다. 이런 신화적 전설은 점차 그곳의 풍습으로 자리 잡았다. 『설문해자』에서는 이(改)자에 대해 이렇게 해석했다.

"이(𣪊)는 고대에 귀신을 쫓는데 사용되던 부적으로 대강묘는 귀신을 쫓는 도구라는 뜻이다. 복(攴)이 의미부이고 사(巳)가 소리부이다. 이(已)와 같이 읽는다."(𣪊, 㱄改, 大剛卯以逐鬼魅也. 从攴, 巳聲. 讀若已.)

이(改)는 대강묘(大剛卯: 일종의 귀신을 쫓는 도구)를 사용해서 귀신을 쫓는 것을 의미하며 예전 전설에서 유래된 것으로 보인다. 개(改)자의 탄생 의미는 방망이로 미성숙 된 태아를 때려서 사악한 기운을 쫓아낸다는 것이다. 이러한 점에서 이는 형성자가 아닌 표의자라 할 수 있다.

그리고 개(改)자와 비슷한 자형으로 『설문해자』에서는 이렇게 해석하고
있다.

> "개(改)는 바꾸다는 뜻이다. 복(攴)이 의미부이고 기(己)가 소리부이
> 다."(改, 更也. 从攴, 己聲.)

이 자형은 개(改)의 분화된 자형일 것이다. 방망이로 잘못 태어난 아
이를 때려야지만 불운이 물러나고 정상적인 아이를 낳을 수 있다고 보
았다.

개(改)자를 통해 포(包)자의 사(巳) 부분은 아직 미성숙한 태아로 추
측할 수 있다. 포(包)자의 원래 의미는 태아이며 복중에 있으나 아직 사
람의 형상이 되지 않은 것을 의미한다. 이후에는 포(包)자가 소포의 의
미로 많이 사용되었기에 육(肉)이 의미부이고 포(包)가 소리부인 포(胞)
자를 만들어 구별하였다.

❶

갑골문의 지지(地支) 중 여섯 번째인 사(巳)자는 원래 ❷ 등의 형태로 이 자형은 자손(子孫)의 자(子)와 같은 형태여서 오해의 소지가 있어서 금문시대 때 ❸의 모양으로 바꾸었다. 그래서 갑골문의 포(包)자 중 이 것(ᄋ)은 간지(干支)의 사(巳)와 아무런 관계가 없다.

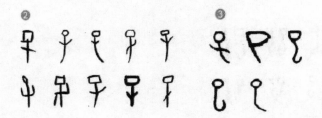

006

어두울 명

míng

임신 단계에서 아기가 정상적으로 탄생하기를 바라는 마음을 상나라 때에는 명(冥)자로 썼으며 그 의미는 만(娩)자와 같다. 예를 들어 다음과 같다.

"부호(婦好)가 사내아이를 출산할 수 있을까요? 왕이 점괘를 해석해 말씀하셨다. '……그렇지 못할 것이오. 만약 사내아이를 낳는다면 길한 일이 못될 것이요.' 위(口)에서였다. 이와 같이 과연 그렇게 되었다. 죽고 말았다."(婦好冥不其嘉? 王占曰: '……不嘉. 其嘉不吉.' 于口, 若茲, 迺死.)(『합집』 14001)

부호(婦好)가 어느 날 출산했는데 마치 배딱지 갈라진 모양[兆象]에서 예측한 것처럼 아기가 죽고 말았다.

명(冥)자의 사용 의미는 자형의 결합에서 살펴볼 수 있는데 갑골문의 명(冥)자❶는 두 손으로 외부의 어떤 물건(자궁)을 갈라 태아가 순조롭게 생산되는 것을 표현하고 있다.

❶

그리고 명(冥)자에는 암흑의 의미도 있는데 고대에는 의학이 발달하지 못해 난산하는 경우가 많았다. 당시 사람들은 요사스러운 기운이 산실에 들어와 순산을 하지 못하는 것을 두려워하여 암실에서 아기를 출산하는 관습이 생겼고 이러한 이유로 산실을 암방(暗房)이라고도 하였다. 대만에서도 명(冥)자에 대한 의미가 이와 같았다. 그래서 명(冥)자는 이후에 어둠과 관련된 의미로 더 많이 쓰였고 본래 의미인 순산의 의미는 형성자 만(娩)으로 대체 되었으며 명(冥)의 자형에도 일부 변형이 생겼다. 『설문해자』에서는 명(冥)자에 대해 이렇게 해설하였다.

> "명(𠖎)은 깊고 어둡다는 뜻이다. 일(日)과 육(六)으로 구성되었고 또 멱(冖)으로 구성되었다. 날짜는 십을 단위로 하여 세는데 십육일 째가 되면 비로소 달이 이지러져 어두워지는 것이다. 명(冥)부수에 속하는 글자들은 모두 명(冥)이 의미부이다."(𠖎, 窈也. 从日, 六, 从冖. 日數十, 十六日而月始虧冥也. 凡冥之屬皆从冥.)

갑골문에서 동그란 태아의 형상은 조금씩 태양과 같은 모습으로 변했는데 이 때문에 허신(許慎)은 명(冥)자를 두고 '달은 16일째 이후로 점점 달빛이 어두워지다'는 것을 나타낸 것이라고 여겼다. 이는 명(冥)자와 출산의 의미 관계를 전혀 이해하지 못했기 때문이다.

007 **기를 육**

yù

008 **기를 육**

yù

출산의 다음 단계로는 '아기를 순산하다'는 의미의 육(育, 毓)자를 들 수 있다. 갑골문의 육(育)자는 두 가지 자형이 있다. 첫 번째 자형❶은 비교적 다양하지만 이것(⸿)은 엉거주춤 서 있는 여성의 모습이고 그 아래 이것(⸗)은 여성의 몸 아래에 거꾸로 되어 있는 아이가 나오고 있는 형상이다. 아이의 주변을 둘러싼 양수는 곧 아이의 출생을 의미한다.

육(育, 毓)자를 쓸 때 가끔 여성의 형상을 남성으로 나타냈고(⸕), 때로는 양수 부분을 생략하기도 했다(⸕). 가장 복잡한 자형은 이것(⸕)으로 한 손을 더해 옷을 잡고 있는(⸕) 것인데 이는 갓 태어난 아이를 옷으로 감싸서 안고 있는 모양으로 이 글자가 후에 육(毓)자가 된다.

❶

갑골문의 다른 자형(♀, ♀)은 아이가 태어나는 것을 나타낸 것인데 이미 아이가 자궁에서 미끄러져 나온 모습(⊄, ♨)을 표현하고 있다.

금문에는 첫 번째 자형❷만 있고 『설문해자』에는 두 개의 자형을 모두 보존하고 있다.

"육(育)은 자식이 선을 행할 수 있도록 양육하다는 뜻이다. 돌(云)이 의미부이고 육(肉)은 소리부이다. 『우서(虞書)』에서는 자식을 교육시키는 것이라고 한다. 은 육(育)의 혹체이고 매(每)로 구성되었다."("育, 養子使作善也. 从云, 肉聲. 虞書曰: 教育子. , 或从每.")

첫 번째 육(育)자는 갑골문의 두 번째 자형이거나 문장 속의 육(毓)자로 갑골문에서 흔히 볼 수 있는 첫 번째 자형이다.

현재 이 두 글자를 모두 사용하고 있으며 육(育)자는 양육과 교육 과정에 편중되어 있고 육(毓)자는 어머니가 자녀를 키우는 수고와 위대함을 찬미하는 표현에 자주 사용된다.

❷

009

아름다울 **가**

jiā

『맹자·이루(離婁)』에 나오는 말 중 '세 가지 불효 중에 후대(자식)가 없는 것이 가장 큰 불효이다(不孝有三, 無後為大)'라는 말에서 알 수 있듯이 고대에는 자손이 없어 가업을 잇지 못하는 것을 가장 큰 문제라고 여겼으며 이는 모든 민족이 공감하는 전통적인 통념이었다.

소위 자식이란 옛날 모계 사회에서 딸만이 진정한 가족의 계승자로 여겨왔다. 그러나 중국에서는 문자가 기재된 이후부터 부계사회로써 남자를 중시하고 여자를 경시하며 사내아이만을 가족의 구성원으로 인정했다. 이러한 관념은 상나라의 복사에서 매우 명확하게 나타나 있다.

상나라 왕실에서는 출산 결과를 매우 중요시했으며 임신 사실을 알게 되면 서둘러 성별에 대한 점을 쳤다. 예를 들면 다음의 내용과 같다.

> "갑신(甲申)일에 점을 칩니다. [어떤] 점복관이 물어봅니다. '부호께서 출산을 하는데 좋을까요?' 왕이 점괘를 해석해 말씀하셨다. 정(丁)에 해당하는 날에 낳으면 좋을 것이요(사내아이일 것이요), 경(庚)에 해당하는 날에 낳으면 더욱 좋을 것이다. 삼순(三旬, 30일)하고도 1일(즉 31일)째 되던 갑인(甲寅)일에 출산을 하였는데, 좋지 않았다. 딸이었다."(甲申卜, 某貞: 婦好娩嘉? 王占曰: "其唯丁娩嘉, 其唯庚娩弘吉." (『합집』 14002).

다른 예를 보자.

　"신미(辛未)일에 점을 칩니다. [어떤] 점복관이 물어봅니다. '부호께서 언제 출산하는 것이 좋을까요?' 왕이 점괘를 해석해 말씀하셨다. '경(庚)에 해당하는 날에 낳는 것이 좋을 것이요(사내아기일 것이요).' 경술(庚戌)에 출산하였다. 3월이었다."(辛未卜, 某貞: 婦某娩嘉? 王占曰: "其唯庚娩嘉." 庚戌娩嘉. 三月.)(『합집』454)

　부(婦)는 상나라 왕족의 딸이 다른 나라에 시집을 갔을 때 사용하던 명칭이다. 상나라 왕족은 왜 시집간 딸들이 낳은 자식이 사내아이인지 딸아이인지를 중요시했을까? 왜냐면 상나라 때는 부계사회였고 권좌는 남성에게 계승되었기 때문이다. 만약 시집간 딸들이 사내아이를 낳는다면 그 나라의 권좌를 물려받을 수 있을 것이고 그로 인해 자신의 딸의 지위가 견고해져 양국 간의 연맹 관계도 더욱 굳건해 질 수 있을 것이다. 만약 자신의 부인이 낳은 자식이 남자든 여자든 상관없이 권좌를 확실히 물려받을 수만 있었다면 이러한 성별에 대해 무관심했을 것이며 굳이 서둘러 복중의 태아에 대한 성별을 알아내려 하지도 않았을 것이다.

　갑골문의 가(嘉)자❶는 여성을 뜻하는 여(女)(ϟ)와 힘을 뜻하는 력(力)(ϟ)의 두 글자로 구성되어 있다.

힘(力)은 흙을 파거나 남자가 농업에 종사할 때 쓰는 도구의 모양으로 여자가 사용하던 것은 아니다. 가(嘉)자는 여성(女)과 힘(力)의 조합으로 한 여성(女)이 쟁기(力)를 가지고 있다는 것을 의미한다. 쟁기의 의미는 여자를 직접적으로 뜻하는 것이 아니라 쟁기를 사용하여 일을 할 수 있는 아들을 가지고 있다는 것을 완곡하게 표현한 것이다. 고대사회에서는 남자가 가업을 이어받을 수 있기 때문에 여자가 아들을 낳는 것은 좋은 일이자 칭찬받을 기쁜 일이었고 이로 인해 '훌륭하다'는 뜻이 되었다.

금문시대 때 이 글자는 크게 변하였다❷. 아마도 갑골문 자형의 탄생 의미를 올바르게 이해할 수 없었기 때문에 여(女) 부분은 삭제하고 희열(喜悅)의 희(喜)자로 대체한 것이다.

갑골문의 희(喜)자❸는 북(🎵)과 구(口)의 조합인데 즐거운 일이 있으면 북과 노래를 통해 기쁨을 표현했다. 또한 자형의 구조가 매우 뚜렷하여 금문시대 이후에도 이 자형은 거의 변하지 않았다❹. 『설문해자』에서는 이렇게 설명하고 있다.

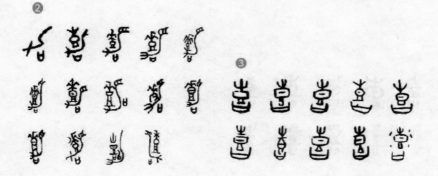

"희(喜)는 즐겁다는 뜻이다. 주(壴)로 구성되었고 또 구(口)로 구성되었다. 희(喜)부수에 속하는 글자들은 모두 희(喜)가 의미부이다. 는 희(喜)의 고문체로 흠(欠)으로 구성되었다."("喜, 樂也. 从壴, 从口. 凡喜之屬皆从喜. , 古文喜从欠.")

금문에서 가(嘉)자의 자형 중 이것()은 북의 형상을 생략한 것이다. 여(女)자를 희(喜)자로 대체하였고 역(力)자에 한 손을 추가하여 무언가를 꽉 쥐고 있는 형태이다(). 그러나 소전에 이르러 이 손의 형태는 생략되었고 『설문해자』에서는 이렇게 설명하고 있다.

"가(嘉)는 아름답다는 뜻이다. 주(壴)가 의미부이고 가(加)가 소리부이다."("嘉, 美也. 从壴, 加聲.")

『설문해자』에서는 가(嘉)자를 형성자로 보고 있지만 갑골문 이후의 자형 변화를 통해 알 수 있듯이 가(嘉)자는 상의자(象意字)로 여성의 출산과 관련이 있는 것이다.

❹

010
좋을 호

hǎo

호(好)자와 가(嘉)자는 그 구조가 비슷하다. 갑골문에서 호(好)자 ❶는 한 여성이 사내아이를 안고 있는 모습으로 사내아이를 품은 것에 대한 축하의 메시지가 담겨 있다. 다만 복사에서 기록된 부호(婦好: 상나라 무정(武丁)의 왕후)는 이웃 나라의 명칭일 뿐 호(好)자가 가(嘉)자의 의미를 가지고 있지는 않다.

금문시대에는 자형❷로 아름답다는 의미를 가지고 있다. 『설문해자』에서 이렇게 해석하고 있다.

"호(🅷)는 아름답다는 뜻이다. 여(女)와 자(子)로 구성되었다."("🅷, 媄也. 从女, 子.")

하지만 『설문해자』에서 호(好)자가 왜 여자와 아들이 '아름답다'라는 뜻을 의미하는지는 밝히지 않았다.

❶

❷

011

아들 자

zǐ

갑골문의 자(子)자는 크게 두 개의 계통으로·나눌 수 있다. 제1계통의 자형❶은 아기를 표현하는 형상이다.

아기의 머리 치수는 어른에 비해 훨씬 커 보이기 때문에 자(子)자는 숱이 적은 머리카락과 두 발로 표현했다. 머리 중앙에 교차하는 선은 아기의 숫구멍이 아직 부드럽고 완전히 자라지 않았음을 의미한다. 이후 필획이 간단하게 생략되면서 이것(ㅐ)으로 바뀐 후 원래 자(子)자의 탄생 의미가 소실되었다. 이 자형은 간지(干支)에서 주로 쓰인다.

제2계통의 자형❷은 대체로 아기의 크기와 몸집이 다 자랐기 때문에 몸 전체를 그리며 손과 발을 가지고 있는 모습이다. 태어난 아기는 보통 민둥머리 상태라 대부분 머리카락이 없는 형태이다. 이 글자는 원래 남자와 여자를 모두 의미했지만 남아선호사상의 영향으로 실제로는 남자를 나타낼 때만 쓰였다.

❶

금문에서도 이 두 계통의 자형을 유지하고 있다❸. 『설문해자』에서는 이렇게 해설하고 있다.

"자(甹)는 11월에 양기가 움직여서 만물이 자라고 사람들은 이 글자를 가지고 명칭으로 삼는다. 상형자이다. 자(子)부수에 속하는 글자들은 모두 자(子)가 의미부이다. 뿽 는 자(子)의 고문체이다. 천(巛)으로 구성되었는데 머리카락의 모양을 상형하였다. 欒 는 자(子)의 주문체이다. 정수리에 머리털이 있는 모양이며 팔과 다리가 궤(几) 위에 있는 모양이다."("甹, 十一月昜氣動, 萬物滋, 人以爲偁. 象形. 凡子之屬皆从子. 뿽, 古文子. 从巛穿, 象髮也. 欒, 籒文子. 囟有髮. 在几上也.")

『설문해자』에서 자(子)자의 주문 자형을 해석할 때 갑골문의 제1계통으로 해석하여 두 다리가 조금 더 짧다고 해석하는데 이는 옳지 않다.

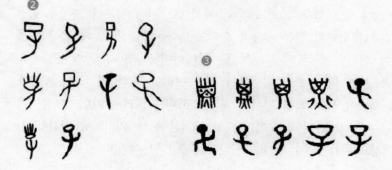

012

버릴 기

棄

qì

우리는 복사에서 알 수 있듯이 상나라 때 사람들은 사내아이를 무척이나 낳고 싶어 했다. 그러나 기록을 통해 보면 그런 사내아이를 버리는 사건도 있었다.

갑골문의 기(棄)자(🜨, 🜨)는 두 손(🜨)으로 쓰레받기(🜨)를 들고 있는 모습이고 쓰레받기 안에는 피를 뚝뚝 흘리는 사내아이(🜨)를 들어 올리는 형태이다. 고대에는 의술이 발달하지 않아 신생아의 사망률이 매우 높았는데 앞에서 인용한 갑골복사에서 그 당시 출생한 아이가 사망한 사실을 명확히 설명하고 있다. 갓 태어난 아이가 생명을 유지할 방법이 없을 경우 쓰레받기에 담아 버려야 했다.

갑골문의 다른 자형에서는 두 손이 쓰레받기가 아닌 한쪽 끈을 잡고 있어(🜨) 교살을 당하는 형태이다. 이는 버려진 것이 죽은 아이가 아닐 수도 있음을 의미한다.

고대에는 영아를 죽이는 몇 가지 이유가 있었다. 예전에는 종종 쌍둥이 혹은 세쌍둥이를 낳았는데 엄마의 젖이 부족하여 아이들에게 젖을 다 먹이지 못하다보니 상대적으로 건강하지 못한 아이나 여자아이가 버려지는 경우가 있었다. 그리고 혼외 자식으로 인해 가족의 명예가 실추되는 경우나 넉넉지 못한 경제적 요인으로 아이를 키울 수가 없어 어쩔 수 없이 아이를 죽이곤 했다. 기(棄)자가 아이를 버린다는 의미로 사용된 것을 보면 당시 그러한 일들이 어쩌면 매우 흔한 일이었을 것이다. 그리고 의술이 높지 않던 당시의 시대적 상황을 고려해 보면 그러한 가능성은 더욱 컸을 것이다. 이러한 기(棄)자의 탄생 의미에서 당시의 사회적 배경으로 인해 죽는 아이가 많았다는 것을 알 수 있다.

『설문해자』에서는 이렇게 해석하고 있다.

"기(棄)는 버린다는 뜻이다. 공(廾)으로 구성되었고 곡식을 까부는 큰
키로 밀어내서 버리는 것이다. 그리고 돌(𠫓)로 구성되었다. 돌(𠫓)은
자(子)가 거꾸로 된 모습이다. 𠓦은 기(棄)의 고문체이며 棄은 기(棄)
의 주문체이다."("棄, 捐也. 从廾推棄也. 从𠫓. 𠫓, 逆子也. 𠓦, 古文
棄. 棄, 籒文棄.")

『설문해자』에서 나오는 기(棄)자의 전서 자형은 기본적으로 갑골문
과 같은데 이는 두 손으로 피를 흘리며 키 속에 들어있는 남자아이를
버리는 모습이다. 주문의 자형에서는 피의 형상이 생략되어 있는데 고
문의 자형에서는 키의 형상이 생략되고 두 손으로 아이를 버리는 형상
이다.

013 장수 수

shuài

고대인들은 출산 전과 출산 후 부정한 기운을 받지 않고 순산할 수 있도록 산실(産室)에는 불필요한 사람들의 출입을 금했다. 하지만 아기의 성별을 좀 더 일찍 알기 위해 민족마다 그들만의 고유한 표현 방식이 있었다. 그리고 이러한 풍습은 문자를 통해 표현되었다.

금문에서 수(帥)자❶는 문과 수건의 조합이다. 갑골문의 문(門)자❷는 원래 두 호(戶)자의 대립적 구조였다. 초기 중국의 문자는 죽간에 기록했는데 죽간은 폭이 좁고 많은 구건(構件)으로 이루어진 자형을 가로로 펼쳐서 적기에 그 너비가 좁았다. 그래서 일부 자형은 세로로 쌓아 올려 모든 구건을 담을 수 있는 공간을 만들었다. 수(帥)자 역시 두 개의 호(戶)를 세로로 쌓아 올린 형태(昌)로 전체 자형은 수건이 문 오른쪽에 걸려 있다는 것을 나타낸다.

이것은 과연 무엇을 뜻할까? 고대 중국에서는 여아의 탄생을 알리기 위한 표시였는데 수건은 집안일에 꼭 필요한 용품이므로 여성을 상징하는 물건이었다.

『예기·내칙(內則)』에서 "자식을 낳았는데 남자이면 문 왼쪽에 활을 걸고 여자이면 문 오른쪽에 수건을 걸었다."(子生, 男子設弧於門左, 女子設帨稅於門右.)라는 기록이 남아 있다. 호(弧)는 남자들이 무관직에 종사할 때 필요한 활을 의미하고 세(帨)는 여자가 집에서 가족들을 모시고 식사 후 손을 닦는 수건을 의미한다. 이러한 글자는 각각 남자와 여자의 성별을 나타내는데 사용되었다.

외국에서도 이와 같은 풍습이 있는데 남성은 무관직을 강조하여 남자아이를 낳을 경우 칼을 매달았고 여자아이를 낳으면 숯이나 숟가락을 매달아서 결혼을 한 이후에도 아내로서 요리에 대한 부분을 책임져야 한다는 의미가 있다.

이후에 두 호(戶)자의 형태가 조금 더 간단히 변했는데 마치 한 무더기의 글자처럼 보여서 『설문해자』에서는 이렇게 해설하고 있다.

> "수(帥)는 허리에 차는 수건을 뜻한다. 건(巾)이 의미부이고 퇴(自)가 소리부이다. 帨은 수(帥)의 혹체로 태(兌)로 구성되었다."
>
> ("帥, 佩巾也. 从巾, 自聲. 帨, 帥或从兌.")

『설문해자』에서는 수(帥)자에 대해 퇴(自)가 소리부인 형성자라고 오판하였다. 그러나 세(帨)자는 이후에 나온 형성자로 퇴(自)자와 태(兌)자는 서로 다른 소리의 글자이며 퇴(自)자는 성부(聲符)가 아니라 호(戶)의 잘못된 표기이다.

❶

❷

제2부

양육

한 민족이 영원히 살아남기 위해선 그들만의 생활방식을 지키며 타인에게 예속되지 않아야 한다. 또한 강인한 후손을 양성하여 그들의 가업을 계속 이어가야 한다. 그래서 각 민족은 후손을 양성하기 위한 그들만의 양육방식을 가지고 있다. 인류는 다른 동물과 달리 다음 세대를 양육하고 보호할 뿐만 아니라 다양한 교육기관을 설립하여 그들의 축적된 경험을 언어와 문자를 통해 아이들에게 전수하려 한다. 이를 통해 후손들이 출세하고 사업을 이루어 성공할 수 있기를 바란다. 예로부터 교육은 자기 개인의 책임이 아니라 사회 전반에 걸친 공통의 책임이었다.

014 **젖 유**

rǔ

새 생명이 건강하게 태어나면 우선 양육과 보호가 필요하다. 앞에서 살펴본 육(毓)자의 한 자형에는 한 손에 옷을 들고 아이를 감싸 안으며 젖을 먹이는 형상이 있다.

갑골문의 유(乳)자(🔣)는 여성이 입을 벌리고 젖을 빨아 먹는 아기를 안고 있는 것을 묘사한 것인데 이 글자는 젖과 관련된 수유, 우유, 가슴 등을 표현하는데 사용된다.

갑골문의 유(乳)자는 매우 이해하기 쉬운 자형이다. 그러나 후대의 자형에서는 엄마 부분이 쪼개지고 변형되어 『설문해자』에서는 그 내용이 오역되어 있는데 다음과 같이 해석되고 있다.

"유(🔣)는 사람이나 새가 새끼를 낳으면 유(乳)라고 하고 짐승이 새끼를 낳으면 산(産)이라고 한다. 부(孚)로 구성되었고 또 을(乙)로 구성되었다. 을(乙)은 현조(玄鳥: 제비의 다른 이름)이다. 『명당월령(明堂月令)』에 현조가 오는 날에 사당은 높은 곳에 모셔 놓고 자식을 청하였기 때문에 유(乳)자가 을(乙)의 의미부로 삼는다. 자식을 청할 때는 반드시 제비가 오늘 날로 잡으며 제비는 춘분 때 왔다가 추분 때 떠나고 번식기에 접어든 철새이며 황제 소호(少昊) 현조씨(玄鳥氏)는 사분(司分: 춘분과 추분을 모두 주관하는 역정에 속하는 관직)의 관직이다.("🔣, 人及鳥生子曰乳, 獸曰産. 从孚从乙. 乙者, 玄鳥也. 『明堂月令』: 玄鳥至之日, 祠于高禖, 以請子, 故乳从乙. 請子必以乙至之日者, 乙, 春分來, 秋分去, 開生之候鳥, 帝少昊司分之官也.')"

이와 같이 『설문해자』에서는 유(乳)자의 탄생 의미를 다르게 해석하고 있다. 『설문해자』에서는 고대 신앙으로 제비가 오던 날 신에게 아이를 낳게 해 달라고 기원하는 내용인데 엄마가 젖을 먹이는 형상인지는 알 수가 없었다.

015 　지킬 보

保

bǎo

갑골문 보(保)자❶의 최초 자형은 한 사람이 서 있고 그 뒤로 손을 뻗어 아이를 끌어안고 있는 형상이다(⚇).

　　그런데 이런 묘사 자체가 너무 자질구레해서 다른 것들은 생략하고 어른과 아이의 형상으로만 나타냈다(⚇). 이후 금문 자형❷을 통해 뒤로 뻗은 손이 사선으로 간소화 되었다가(⚇), 나중에 다른 사선이 붙어 균형을 이루면서(⚇) 소전의 자형이 되었다고 추측할 수 있다. 이것(⚇)은 부(缶)(⚇)의 성부가 더 추가된 것이고 이것(⚇)은 옥(玉)의 부호가 더 붙은 것으로 당시 높은 관직이었던 태보(太保)를 강조하는 것으로 볼 수 있다.

『설문해자』에서 이렇게 해석하고 있다.

> "보(保)는 기르다는 뜻이다. 인(人)이 의미부이고 부(采)의 생략된 모습
> 이 소리부이다. 부(采)는 부(孚)의 고문체이다. 𤓈는 생략되지 않은 고
> 문체이고 㑃은 고문체이다."("保, 養也. 从人, 采省聲. 采, 古文孚.
> 𤓈, 古文不省. 㑃, 古文.")

『설문해자』에서 보(保)자에 대해 부(孚)의 생략된 모습이 소리부로
간주되는데 이는 초기의 자형이 보이질 않기 때문이다. 아이를 등 뒤로
감싸고 있는 형태는 여러 위험요소로부터 아이를 보호하고 지켜내기 위
해서인데 여기서 파생된 것이 바로 '보호'나 보존'의 의미를 가진다.

중국 유가에서는 자녀가 부모의 상(喪)을 3년(25개월) 동안 치르게
하고 있는데 이는 무엇 때문일까? 『예기·삼년문(三年問)』에서는 이러한
이유가 아이들이 부모의 도움 없이 자립적으로 품을 떠나는데 3년의 시
간이 걸린다고 보고 있기 때문이다. 그래서 부모님의 노고에 보답하기
위해 이처럼 부모님의 상 역시 같은 기간으로 하고 있다. 그러나 사실
아이는 채 1년이 되지 않아도 부모의 품에서 벗어나 기어가고 걸을 수
있다. 따라서 이 설은 반드시 옳은 것은 아니며 아래의 내용처럼 사람
은 죽은 후 3년이 지나야 백골이 되기 때문에 이러한 이유로 상의 기간
을 3년으로 보는 것이다.

016 글자 자

字

zi

옛날에는 아기가 무사히 태어났어도 생명이 보장되는 것은 아니었다. 하남성 장갈시(長葛市) 석고(石固)의 묘지에서 8천 년 전 배리강(裴李崗) 문화시기(B.C. 6천년~B.C. 5천년)에 사망한 사람들의 나이를 알 수 있었는데 통계에 의하면 47명의 사람들 중 두 살 이전에 죽은 사람은 모두 21명이었다.

이는 당시 인구의 절반에 가깝다. 당시에는 유아 사망률이 높았기 때문에 아이가 태어나고 일정한 시간을 기다려 아이가 건강히 살아남게 되었을 때 비로소 탄생을 축하하고 아이의 명명식(命名式)을 거행하였다.

『예기·내칙(內則)』에서 이렇게 설명하고 있다.

"아기가 출생한 지 석 달이 되면 날을 가려서 머리털을 깎아 타발을 만드는데 남자 아이는 뿔처럼 상투 두 개를 만들고 여자 아이는 상투 세 개를 만든다. 그렇지 않으면 남자 아이는 왼쪽에 여자 아이는 오른쪽에 상투를 만든다, ……보모가 먼저 처를 대신하여 말하기를 '어미 아무개가 이 날을 택하여 어린 아들을 아버지께 보게 합니다.'라고 한다. 남편이 대답하기를 '잘 가르쳐서 선도에 있게 하라.'라고 한다. 아버지는 아이의 오른손을 잡고 큰 소리로 아이의 이름을 명명한다.")("三月之末, 擇日翦髮爲鬌朵, 男角女羈季羈, 否則男左女右. ……姆先相曰: 母某敢用時日祇見孺子. 夫對曰: 欽有帥. 父執子之右手, 咳而名之.")

그리고 『의례·상복(喪服)』에서는 이렇게 말하고 있다.

"자식이 태어난 지 석 달이 되면 부모가 자식의 이름을 짓는다."
("子生三月, 則父名之.")

위의 내용은 모두 아이가 태어나서 석 달 때까지 기다리다가 양일을 택해서 아이의 이름을 지었다는 것이다. 외국에서는 2~3년 뒤 혹은 아이가 걸을 수 있을 때 이름을 짓는 곳도 있다. 이런 신중함은 갓난아기가 출생 한 후 무사히 살아 있음을 확인하는 것으로 너무 일찍 이름을 지어주지 않는 이유도 이것 때문이다.

금문의 자(字)자❶는 집안에 아기가 있는 모습이다. 사용된 의미를 보면 조상의 영령 앞에서 아이를 소개하여 가족의 구성원이 되게 한다는 것을 의미한다. 아이는 자신의 이름을 가져야만 가족의 일원으로 인정받아 자손이 될 수 있었다. 아이들은 점점 더 태어나 불어날 것이므로 [기초자인 문(文)이 결합하여 무한대로 만들어내는] '문자(文字)'라는 뜻이 파생되었다.

『설문해자』에서 자(字)자에 대해 이렇게 해석하고 있다.

"자(宁)는 젖을 먹이다는 뜻이다. 면(宀) 아래에 자(子)가 있는 모습으로 되었는데 자(子)는 소리부도 겸한다."("宁, 乳也. 從子在宀下, 子亦聲.")

❶
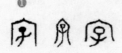

허신(許愼)은 아마도 이것이 아이의 이름을 지어주는 의식인 줄 몰랐던 것 같다. 중국 고대 사회에서는 아들에게만 명명식(命名式)을 거행하였고 족보에는 딸의 이름을 올리지 않았으며 성씨를 가진 사람에게만 시집을 보냈다는 내용이 있다.

탄생일보다 명명일이 더 중요한 서양에서도 이와 같은 이유로 아이가 살아남으면 가족의 일원이 되었다는 의미에서 아이의 이름을 지었다. 하지만 중국과의 차이점은 남자아이와 여자아이에 상관없이 모두에게 이름을 지어주었다는 것이다.

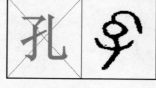

017 　구멍 공

kǒng

앞에서 자(字)자의 탄생 의미를 소개하면서 『예기·내칙(內則)』의 말을 인용하였다. 『예기·내칙(內則)』에서 명명식(命名式) 때 남녀 영아는 각기 다른 머리카락 모양을 하고 있는데 여자는 머리카락을 늘어뜨리고 남자는 뿔 형상으로 표현했다.

　이러한 관습은 공(孔)자에도 반영되어 있다. 금문의 공(孔)자❶에는 '아름답다'는 의미를 가지고 있는데 이는 남자아이의 머리카락 형태에서 공(孔)자의 탄생의미가 있음을 알 수 있다. 당시 건강한 사내아이를 출산하는 것은 가업을 계승할 수 있다는 것이고 이는 매우 기쁘고 축하할 일이었다. 그러나 문자의 변천 과정에서 남자아이의 머리카락 부분이 빠져나와 이것이 머리를 의미하는지 알 수가 없었는데 『설문해자』에서는 다음과 같이 해설하였다.

　　"공(❶)은 통하다는 뜻이다. 을(乙)로 구성되어 있고 또 자(子)로 구성되어 있다. 을(乙)은 제비가 날아와 새끼를 치는 것을 말하는데 제비가 날아와 새끼를 치니 상서롭다는 의미이다. 옛 사람(공자)의 이름은 가(嘉)이고 자가 자공(子孔)이라 하였다."("❶, 通也. 从乙从子. 乙, 請子之候鳥也. 至而得子, 嘉美之也. 古人名嘉字子孔'")

　이처럼 머리카락 형태를 볼 수 없었기에 공(孔)자는 제비가 온 것과 관련이 있다고 오해했다.

　앞선 몇몇 글자에서 알 수 있듯이 중국은 문자와 역사를 가진 시대에 접어들면서 이미 부계사회가 되었다. 여자아이가 외지로 시집을 가면 남자아이만이 가업을 계승할 수 있었기 때문에 남자 아이와 여자 아이는 어렸을 때부터 서로 다른 대우와 교육을 받았다.

『시경·사간(斯干)』에서 이렇게 설명하고 있다.

"아들을 낳아서는 침상에서 재우며 고까옷을 해 입히고 구슬 쥐어 놀게 하네. 그 울음소리 으앙으앙 힘차네. 입신양명 붉은 슬갑 휘황찬란하여 집안을 일으킬 군왕이로다. 계집 아이 나으면 맨 땅에 잠 재우고 포대기에 둘러 손에는 실감개를 쥐어준다. 나쁘지도 좋지도 않아 술 데우고 밥 짓기 가리켜 부모 걱정 되지 않게 한다."("乃生男子, 載寢之床. 載衣之裳. 載弄之璋. 其泣喤喤. 朱芾斯皇. 室家君王. 乃生女子, 載寢之地. 載衣之裼. 載弄之瓦. 無非無儀. 唯酒是議. 無父母詒罹.")

『시경·사간(斯干)』의 내용에 따르면 만약 남자아이가 태어나면 침대에서 질 좋은 옷을 입고 규장(圭璋: 예식을 행할 때 장식으로 쓰는 귀한 옥) 같은 장난감을 가지고 놀게 하며 장차 사회에서 높은 관리가 되어 가문을 빛내주길 원했고 여자아이가 태어나면 아무 바닥에서 자고 아무 옷이나 입으며 장차 가족을 위해 좋은 아내와 어머니가 될 수 있도록 베 짜는 도구를 가지고 놀게 했다는 것이다.

이렇듯 초기 부계사회에서는 성별에 따라 대우가 달랐고 문자에도 그것이 반영되어 있는데 아래의 예시를 통해 알 수 있다.

헤엄칠 유

游　令

yóu

제2권 「전쟁과 형벌」편에서 소개 했던 갑골문의 유(游)자❶는 남자아이 (孑)와 깃발(㫃)의 조합이다. 깃발은 군대를 대표하는 표지이고 그 용도는 지휘관이 깃발을 장악하여 명령을 내려서 그것을 시행하게 만드는 것이다.

옛날 부족들의 행동은 깃발과 멀지 않은 곳에서 행해졌으며 깃발은 그들의 주둔지를 표시하고 그들의 집산(集散)과 전진(前進)을 지시했다. 깃발은 원래 어린아이들이 가지고 있으면 안 되는 것인데 어린아이의 손에 쥐고 있는 것은 아마 아이를 달래는 장난감의 용도였을 것이다. 그리고 이는 곧 어릴 때부터 남자아이들에게 나라를 지키기 위해 군대에 가서 적과 싸워야 한다는 관념을 심어준 것으로 보인다.

❶

令　令　令

같을 여

如 | 빻

rú

갑골문의 여(如)자❶는 여(女)와 입(口)의 조합인데 이 글자의 탄생 의미를 추측해 보면 여성은 말하는 어조가 완곡하면서 순종적이어야 한다는 것이다.

고대 사회에서 여자의 지위는 낮았고 자신의 생각을 표출할 수 없었으며 무조건 남자의 말에 순종적으로 따르도록 요구받았다. 『예기(禮記)』에서 "옳고 그름을 판단하지 말고 함부로 행동하지 말며 부모를 부끄럽게 해서는 안 된다."는 내용이 그러하다. 『설문해자』에서도 이렇게 해석하고 있다.

"여(𤖸)는 따르다는 뜻이다. 여(女)로 구성되었고 또 구(口)로 구성되었다."("𤖸, 從隨也. 从女从口.")

여(如)자에 대한 『설문해자』의 해석은 충분히 받아들여진다.

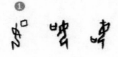

020

늙을 로

lǎo

일찍부터 효도는 중국의 중요한 교육 주제였고 어릴 때부터 아이에게 가르쳐야 할 항목이었다. 비록 금문에서 효(孝)자를 발견할 수 있었지만 '효도'라는 개념은 비단 주(周)나라 때에서 만들어진 것은 아니었다.

효도는 추상적인 개념으로 유교가 추앙하는 치국평천하(治國平天下)의 핵심 이념이다. 『논어(論語)』를 보면 유가에서 말하는 효도의 의미가 매우 광범위함을 알 수 있다. 효도란 웃어른에 대해 살아생전 최선을 다해 봉양해야 할 뿐만 아니라 그들의 뜻을 지켜나가야 하며 웃어른이 죽은 후에도 그들의 뜻을 바꾸지 않아야 하는 것이다. 그리고 집에서는 부모의 말에 무조건 복종해야 하고 사회에 나가서는 집에서처럼 윗사람의 말에 따라야 한다.

이러한 효(孝)자의 탄생 의미를 알기 위해서는 먼저 로(老)자를 이해해야 한다.

갑골문의 로(老)자❶는 자형이 다양한데 대략 백발이 풀린 노인(𠂂)이나 특이한 모양의 모자나 두건을 쓰면서(𦥑) 동시에 지팡이를 손에 쥐고 있는 노인(𦒿, 𦥑)의 형상을 하고 있다. 이는 로(老)자의 탄생 의미를 쉽게 이해할 수 있는데 나이가 들어 다리에 힘이 없어 걸을 때 지팡이의 도움을 받아 걷는 노인의 모습을 의미하는 것이다.

금문시대의 자형❷은 지팡이의 모양이 변형되어 마치 고문의 화(化)자처럼 보인다. 그래서 『설문해자』에서 로(老)자에 대해 이렇게 해석하고 있다.

> "로()는 장수하다는 뜻이다. 70세가 된 노인을 로(老)라고 했다. 인(人)과 모(毛)와 비(匕)로 구성되었다. 머리칼이 하얗게 변했다는 의미를 담고 있다. 로(老)부수에 속하는 글자들은 모두 로(老)가 의미부이다."
> (", 考也. 七十曰老. 从人, 毛, 匕, 言須髮變白也. 凡老之屬皆从老.")

이는 노인의 수염이 하얗게 변했음을 의미한다. 수염이 하얗게 변하는 것은 노인의 특징 중 하나이지만 하얗다는 것을 자형으로 표현할 수 없었기에 지팡이의 도움으로 걷는 노인의 모습을 그 특징으로 삼은 것이다.

❶   ❷

021 효도 효

xiào

금문의 효(孝)자❶는 자형이 비록 다양하지만 대체적으로 자(子)자와 로(老)자의 구성으로 볼 수 있다. 이는 남자아이와 노인 사이의 관계를 나타낸다. 두 글자 구조의 위치를 보면 로(老)자의 지팡이 부분이 자(子)자로 대체 되었다.

효도는 추상적인 것으로 이를 충분히 표현할 수 있는 행동을 찾아서 글자를 나타내야 했다. 그래서 노인은 몸이 불편하여 외출할 때 손자와 함께 나갔는데 손자는 자신의 몸으로 노인의 지팡이 역할을 대신해 주었고 이러한 것들은 효도의 구체적인 행동으로 보았다.

『신화자전(新華字典)』에서 괴(拐)자에 대한 해석은 '괴자두(拐子頭 노인을 시중드는 아이)'의 의미가 어린아이라고 풀이하고 있는데 이는 노인이 아이의 부축을 받아 걷기 때문에 어린 아이가 지팡이와 동일한 역할을 하는 것으로 여겼다. 그리고 옛날 여자아이는 문밖의 출입이 허용되지 않아서 노인이 기분 전환을 위해 외출을 할 경우 남자아이와 함께 출타하였다. 그 아이들의 키 높이가 지팡이의 높이와 비슷하여 지팡이를 충당할 만 했다. 이처럼 어린 아이들에게 노인들을 부축하여 지팡이 역할을 하게 하는 것은 그들이 행할 수 있는 효도였고 노인과 아이들이 동행하는 모습에서 효(孝)자가 탄생한 것이다.

『설문해자』에서는 효(孝)에 대해 이렇게 해석하고 있다.

"효(**𡥀**)는 효로 부모를 잘 섬긴다는 뜻이다. 로(老)자의 생략된 모습으로 구성되었고 또 자(子)로 구성되었다. 자식이 늙은이를 등에 업은 모습이다."("**𡥀**, 善事父母者. 从老省, 从子. 子承老也.")

『설문해자』에서 말하는 '자승로(子承老: 자식이 늙은이를 등에 업은 모습)'의 탄생 의미는 어린 아이가 노인의 지팡이 역할을 하는 것에서 비롯되었다.

022

상고할 고

kǎo

로(老)자와 효(孝)자의 탄생 의미는 바로 고(考)자와 관련이 있다. 금문의 고(考)자❶는 흐트러진 머리를 한 노인이 지팡이를 들고 다니는 모습이다.

금문 로(老)자와 차이점은 로(老)자의 지팡이 부분이 화(化)자와 비슷한 것으로 와변된 것이다. 그래서 『설문해자』에서는 로(老)자에 대해 머리카락이 하얗게 변한 것이라 해석하였다. 고(考)자에 대해 『설문해자』에서는 이렇게 해석하고 있다.

> "고(𦒵)는 늙다는 뜻이다. 로(老)의 생략된 모습이 의미부이고 교(丂)가
> 소리부이다."("𦒵, 老也. 从老省, 丂聲.")

『설문해자』에서는 고(考)자를 형성자로 보았다.

그리고 고(考)자는 죽은 아버지를 뜻하는데 이 외에도 '고문하다', '고문시키다'는 의미가 있다. 고(考)자의 이런 의미는 옛날에 아버지를 돌아가시게 할 만큼 매질을 하는 풍습과 관련이 있다.

❶

경험을 후속 세대에 물려주는 것은 인류의 타고난 본능이기에 시대에 상관없이 인류는 다음 세대를 교육할 책임이 있었다. 그래서 어릴 때는 가족들이 일반 생활에 대한 기본 능력을 가르치고 일정한 나이가 되면 학교에 보내어 단체 교육을 통해 사회 활동에 필요한 지식과 예절 등을 배우도록 했다.

『예기·내칙(內則)』에서 이렇게 설명하고 있다.

"여섯 살이 되면 숫자와 동서남북의 방향을 가르치고 일곱 살이 되면 남자 아이와 여자 아이가 함께 자리에 앉거나 음식을 함께 먹지 않도록 한다. 여덟 살이 되면 문을 드나들 때나 자리에 앉거나 음식을 먹을 때에 반드시 어른보다 나중에 하게 하여 사양하는 법을 가르친다. 아홉 살이 되면 날짜 세는 것을 가르친다. 열 살이 되면 외부에 있는 스승을 찾아가 그곳에서 머물며 글씨와 셈을 배우게 한다. 초보적인 예절을 실천하도록 한다. 아침저녁으로 어린 아이가 어른에게 갖춰야 할 예의를 배워야 하는데 그 중에서 이해하기 쉽고 실천하기 쉬운 것을 청하여 익히도록 한다. 열세 살이 되면 음악을 배우고 시를 외우며 작시(勺詩: 주(周)나라 무왕(武王)을 칭송한 노래인 시경(詩經), 주송(周頌)의 작(酌)을 말한다.)에 맞춰 춤을 춘다. 열다섯 살이 되면 상시(象詩: 시경(詩經), 주송(周頌)의 무(武)를 말한다. 작시와는 달리 병기를 사용하여 춤을 춘다.)에 맞춰 춤을 추며 활쏘기와 말타기를 배운다. 스물 살이 되면 성인식인 관례(冠禮)를 치르고 비로소 성인의 예를 배운다. 여자는 열 살이 되면 밖으로 나다니지 않는다. 보모에게서 유순한 말씨와 태도 그리고 남의 말에 순종하는 예절을 배운다. 삼으로 길쌈을 하고 누에를 쳐서 실을 뽑아 비단, 명주 같은 옷감을 짜고 실을 땋는다. 이것을 가지고 여자들이 해야 할 일을 배워 의복을 장만하도록 한다. 또 제사에 참관해 예에 맞는 술과 초(醋), 대그릇과 나무그릇, 그리고 김치와 젓갈 등을 방안에 들여 제물을 제사상에 올리는 것을 돕는다. 여자는 나이 열다섯 살이 되면 비녀를 꽂는다."("六歲教之數與方名. 七年, 男女不同席, 不共食. 八年, 出入門戶及即席飲

食, 必後長者, 始教之讓. 九年, 教之數日. 十年, 出就外傅, 居宿於外,
學書記. ……禮帥初, 朝夕學幼儀, 請肄簡諒. 十有三年, 學樂誦詩舞勺.
成童, 舞象, 學射御. 二十而冠, 始學禮, …… 女子十年不出, 姆教婉娩
聽從, 執麻枲, 治絲繭, 織紝組紃, 學女事以共衣服. 觀於祭祀, 納酒漿
籩豆菹醢, 禮相助奠. 十有五年而笄.")

　　남자아이는 여덟 살이 되면 문 밖 출입을 시키고 열 살이 되면 특
정 학교에서 기초 생활 외의 지식을 배운다는 내용이다. 그러나 여자아
이는 집안에서 가족을 봉양하고 밥을 지으며 천을 짜는 기술을 배워서 웃
어른을 봉양하는 것을 목적으로 하고 있음을 설명하고 있다.

023   **편안할 안**

ān

갑골문의 안(安)자❶는 여성이 집안에 있는 모습을 표현하고 있다. 고대 여자아이는 시집가기 전에는 외출도 하지 않았고 남자아이처럼 열 살 때 외출해서 교육을 받거나 사회생활을 할 수가 없었다.

즉, 여자는 집에 있어야 안전하다고 하여 여성이 집에 있는 것을 '안전하다', '평안하다'는 의미로 표현되게 했다. 이 문자의 구조는 간단명료하며 자형이 안정적이다. 금문에서는 ❷의 자형으로 삼았고 『설문해자』에서는 이렇게 해석하고 있다.

"안(安)은 편안하다는 뜻이다. 면(宀)과 여(女)로 구성되어 여성이 집에서 편안하게 머무는 모습이다."("安, 靜也. 从女在宀中.")

인류는 자신이 속한 조직이 비교적 안정화되고 관리가 가능해지면서 교육에 대한 임무를 사회체제의 한 부분으로 귀속시켰는데 교육의 수준이나 정교함에 그 차이를 두었다.

❶   ❷

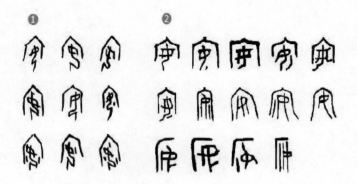

사람은 누구나 똑같이 태어나지만 성장 이후에 각기 자기만의 가치관과 행동 규범, 풍속 습관 및 문화를 갖는 이유는 서로 배우는 내용과 그 과정이 달라 이러한 것들이 영향을 미쳤기 때문이다.

　갑골문의 학(學)자❸에서 가장 간단한 자형(⿰)은 다중으로 묶은 매듭 형상이다. 그 중 이것(⿻)은 양손으로 매듭을 짓는 동작이고 다른 이것(⿻)은 양손으로 건물에 끈을 묶어서 대들보와 같은 목재 구조물을 연결하는 형상이다. 금문에서는 자(子)를 더 추가한 자형(⿻)이 고대에는 남자아이만 교육을 받았다는 사실을 강조하고 있다.

　갑골문의 교(敎)자❹는 한 손에 회초리를 들고 남자아이에게 밧줄 묶는 기술을 가르치는 형상이다. 상(商)나라 때 학교는 단순히 아이들에게 학문을 가르치는 곳만이 아니라 수준 높은 군사 기술을 가르치는 역할까지 담당했기 때문이다.

제3부

성인

일정한 나이가 되면 남녀 아이 모두 어떠한 의식을 거쳐 성인이 되어 사회 활동에 참여하고 혼기를 정해서 다음 세대를 이어갈 준비를 하며 각종 책임을 맡았다.

이러한 의식은 문자로 어떻게 표현됐을까? 머리카락은 누구에게나 존재하는 것이다. 각 민족의 머리카락 형태는 비록 숱이 많고 적음, 길이의 길고 짧음, 곱슬머리와 생머리 등으로 각각 다르지만 모두 신체의 가장 높고 뚜렷한 부분에서 자란다. 머리카락은 냉열을 차단하는 기능 외에 각종 사회적 기능을 표현하기도 한다. 예를 들어 불교에서는 그것이 번뇌의 근원이라고 생각해서 세속적 욕구를 표현하는 머리카락을 모두 밀어 욕구를 차단하고자 했다. 그리고 어떤 종교는 머리카락을 기르면 신이 하늘나라로 데리고 가서 더 행복한 삶을 살 수 있다고 믿었다. 이 외에도 머리 모양을 통해 나이, 혼인 상황, 직업 또는 사회적 지위가 어떤지를 나타냈다.

024

지아비 부

fū

갑골문의 부(夫)자❶는 성인(🧍)의 머리카락에 비녀를 꽂은 형상이다. 중국에서는 성인이 되면 남녀를 불문하고 긴 머리카락을 머리 위로 감싸 올려 성년의 단계에 이르렀음을 표시했다.

머리 위에 머리채를 고정하기 위해서는 비녀를 사용하는 것이 가장 간단했고 그래서 부(夫)자는 성인의 머리에 비녀를 꽂은 모습을 나타내며 어린 시절 비녀를 꽂지 않았을 때와 차이점을 두는 글자이다.

부(夫)자의 금문과 소전의 자형은 기본적으로 변하지 않았으며❷, 『설문해자』에서 이렇게 해석하고 있다.

"부(市)는 성인 남성이라는 뜻이다. 대(大)와 일(一)로 구성되었다. 큰 사람의 형상에 비녀를 꽂은 모습이다. 주나라 도량형에 8촌(寸)이 1척(尺)이고 10척(尺)은 1장(丈)인데 사람은 8척(尺)이니 고로 장부(丈夫)라고 한다. 부(夫)부수에 속하는 글자들은 모두 부(夫)가 의미부이다.."
("市, 丈夫也. 从大, 一. 以象簪. 周制八寸為尺, 十尺為丈, 人長八尺, 故曰丈夫. 凡夫之屬皆从夫")

❶

❷

부(夫)자에 대한 『설문해자』의 해석은 매우 정확하다. 비녀의 주된 역할은 머리카락을 꽉 묶어서 느슨해지지 않게 하는 것이고 또 장식과 신분 구별 등의 역할도 한다.

025

법 규

規

gui

소전의 규(規)자는 『설문해자』에서 이렇게 해석하고 있다.

"규(槻)는 사물을 재는 자를 말하는데 이는 법도가 있다는 것을 뜻한다. 부(夫)와 견(見)으로 구성되었다."("槻, 規巨, 有灋度也. 从夫从見")

즉, 규(規)자는 부(夫)자와 견(見)자의 조합을 뜻한다. 갑골문의 견(見)자❶는 무릎을 꿇거나 서 있는 사람의 눈을 나타낸 것인데 눈은 시각적 기관으로 다른 사물을 볼 수 있다는 의미를 가진다. 금문의 자형❷은 정시하고 있는 눈을 세우고 있는 것에서 관망(觀望)의 망(望)자 초기 자형과 비슷하다.

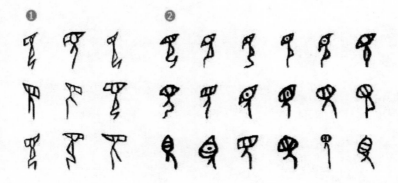

『설문해자』에서 견(見)자에 대해 이렇게 설명하고 있다.

> "견()은 보다는 뜻이다. 목(目)으로 구성되었고 또 인(儿)으로 구성되
> 었다. 견(見)부수에 속하는 글자들은 모두 견(見)이 의미부이다."
> ("見, 視也. 从目从儿. 凡見之屬皆从見")

소전에서는 눈을 세우고 있는 모습만이 존재한다.

견(見)자는 눈에 보이는 이미지에서 파생되어 사람이 사물에 대한
견해를 나타낼 때도 사용된다. 그래서 규(規)자는 사리 분별이 떨어지는
어린아이가 아닌 성인의 식견(識見)을 뜻하는 것이다.

026

바랄 망

望

wàng

갑골문의 망(望)자❶는 원래 사람이 높은 곳에 서서 눈을 크게 뜨고 가능한 먼 곳의 상황을 보는 모습을 나타냈다(　). 후에 흙더미(　)를 먼저 생략하고 그 후에 또 바닥을 나타내는 가로줄을 생략하여 한 사람이 눈을 크게 뜨고 먼 곳을 보고 싶어 하는 모습(　)으로 바뀌었다.

금문시대의 자형❷은 망(望)자가 한 달 중 달빛이 가장 밝을 때(15, 16일)를 의미하여 월(月)의 부호(　)를 넣었는데 이 이후로는 달이 없는 망(望)자 자형은 잘 사용되지 않았다. 그리고 사람이 땅에 서 있는 부분은 자형이 자주 변하였는데 사람 몸에 작은 점이 더해지고 이 작은 점은 다시 짧은 선으로 변하면서 결국 정(壬)자로 변하게 되었다.

❶

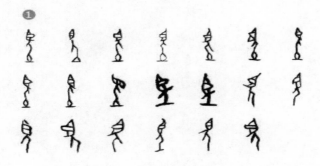

이에 대해 『설문해자』에서는 이렇게 해석하고 있다.

"망(望)은 달이 찬 것을 뜻한다. 달이 가득 차서 해와 더불어 서로 이어져 보이니 마치 신하가 조정에서 군주를 조회함과 같다. 월(月)로 구성되었고 신(臣)으로 구성되었고 정(壬)으로 구성되었다. 정(壬)은 조정이라는 뜻이다. 𦣠은 생략된 망(望)의 고문체이다."
("望, 月滿也, 與日相望, 以朝君也. 从月, 从臣, 从壬. 壬, 朝廷也. 𦣠, 古文望省.")

그래서 『설문해자』에서는 망(望)자를 신하와 왕의 관계로 오역하게 되었다.

❷

027   **갓 관**

guàn

『의례·사관례(士冠禮)』에는 20세 남자의 성인 의식인 가관례(加冠禮)에 대한 기록이 있다. 그 기록에 따르면 사족 계급은 머리에 비녀를 꽂는 것 외에 모자까지 썼지만 서인은 두건 하나만 달았다.

관(冠)자에 대해 『설문해자』에서는 이렇게 해석하고 있다.

"관(冠)은 묶다는 뜻이다. 머리카락을 묶는 것으로 고깔이나 면류관 등을 총칭하는 이름이다. 멱(冖)과 원(元)으로 구성되었다. 원(元)은 소리부도 겸한다. 모자를 쓰는 데는 법도가 있으므로 촌(寸)을 따른다."("冠, 緊也. 所以緊髮. 弁冕之總名也. 从冖, 元. 元亦聲. 冠有法制, 故从寸.")

문자의 변천 과정을 보면 촌(寸)은 우(又)에 의미 없는 사선을 더해 만들어진 것이다. 그래서 관(冠)자의 탄생 의미는 손(寸)으로 사람(元)의 머리 위에 모자(冖)를 얹히는 것으로 이것은 남자의 성년 의식을 거행하는 동작이다. 이 의식을 받는 사람은 비교적 높은 사족 계급을 의미한다. 반면 서민들은 모자를 쓰지 않기 때문에 검은 머리가 드러나게 되고 이에 진(秦)나라 때는 검수(黔首, 검은머리)로 서민을 칭하였다. 즉, 모자가 보편적으로 쓰이지 않던 당시에는 어떤 모양의 모자를 쓰느냐가 그 사람의 사회적 지위를 알 수 있게 했다.

028

아내 처

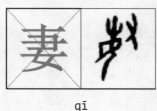

qī

갑골문의 처(妻)자 는 한 여성이 손으로 긴 머리를 빗는 형상이다. 여성은 성년이 되기 전에는 머리를 자연스럽게 늘어뜨리고 결혼하여 부녀자가 되면 머리카락을 묶어야 했다.

그래서 여성의 머리카락은 늘 가지런히 정리해야 했다. 머리카락을 단정하게 빗는 것은 기혼 여성에게 있는 일이기 때문에 이러한 풍습을 통해 사회적으로 기혼 여성임을 표시할 수 있었다. 이러한 풍습은 지역마다 서로 달랐는데 대만 원주민의 경우 얼굴 문신으로 결혼한 부녀자를 표시하는 것과 비슷하다. 이는 여동생의 얼굴에 흙을 칠해 오빠가 여동생을 알아보지 못한 채 서로 결혼을 했다는 옛 전설에서 유래된 것이다.

『설문해자』에서 처(妻)자에 대해 이렇게 해석하고 있다.

　　"처(妻)는 아내로서 남편과 대등한 사람을 뜻한다. 여(女)로 구성되었
고 철(屮)로 구성되었고 우(又)로 구성되었다. 우(又)는 지사(持事: 절에
서 허드렛일을 맡아 하는 사람)로 부녀자의 직무이다. 철(屮)은 소리부
이다. 㜻은 처(妻)의 고문체로 소(肖)와 여(女)로 구성되었다. 소(肖)는
귀(貴)자의 고문체이다."("妻, 婦與夫齊者也. 从女, 从屮, 从又. 又, 持
事, 妻職也. 屮聲. 㜻, 古文妻从肖女. 肖古文貴字.")

　　금문시대에는 처(妻)자의 손 모양인 우(又)가 다른 쪽으로 옮겨가 머
리를 빗는 모습으로 보이지 않아서인지 『설문해자』에서는 처(妻)자를 형
성자로 오역했다.

029

며느리 부

婦　𠽃

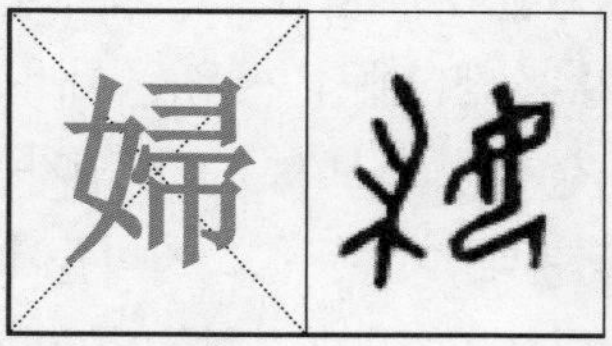

fù

갑골문의 부(婦)자는 원래 추(帚)자❶로 바닥을 쓰는 빗자루의 형상이다. 이 빗자루는 대개 마른 관목(灌木)을 이용하여 손에 들고 다닐 수 있을 정도로 동여맨 빗자루의 모습이다.

집 안팎을 청소하는 일은 기본적으로 기혼 여성의 직무에 속하기 때문에 빗자루를 통해 여성의 신분을 표현한 것이다. 그러다가 본래 의미인 빗자루와 구별하기 위해 편방에 여자(女)의 부호를 붙여 부(婦)자(𡜎, 𡚾)가 되었다.

금문시대에는 대부분 추(帚)자에 여(女)부수를 붙여 부(婦)자❷로 나타냈으며 『설문해자』에서는 이렇게 해석하고 있다.

"부(婦)는 복종하여 따른다는 뜻이다. 여자가 빗자루를 쥐고 물을 뿌려 깨끗이 청소한다는 의미이다."("婦, 服也. 从女持帚灑掃也.")

❶　　　❷

부(婦)자에 대한 해석은 매우 정확한 편이다. 하지만 상왕(商王)의 갑골복사에서 부모(婦某)는 상나라 왕족의 딸들이 시집간 그 나라의 집안을 의미한다. 그래서 그 여인들의 남편이 전쟁터에서 싸우는 내용과 그와 관련된 내용을 자주 볼 수 있었다. 상왕은 부모(婦某)가 남자아이를 낳고 기르는 것에 유독 많은 관심을 가졌는데 이유는 그 자녀들이 권좌를 물려받아야 상왕과의 연맹이 더욱 굳건해질 수 있었기 때문이었다.

030
돌아갈 귀

gui

갑골문의 귀(歸)자❶는 퇴(自)자와 추(帚)자의 조합으로 이루어져 있다. 귀(歸)자의 자형 변화는 빗자루의 추(帚)자 손잡이 부분에 있는데 이는 필획이 더 많아진 것이다.

금문 자형❷에 와서 지(止)자 혹은 착(辵)자가 더해져 길을 걷는 것과 관련이 있다는 것을 의미한다. 『설문해자』에서는 이렇게 해석하고 있다.

"귀(歸)는 시집가다는 뜻이다. 지(止)와 부(婦)의 생략된 모습이 의미부이고 퇴(自)가 소리부이다. 歸는 주문체이고 귀(歸)자의 생략형이다."("歸, 女嫁也. 从止, 婦省, 自聲. 歸, 籀文省.")

『설문해자』에서는 귀(歸)자에 대해 퇴(自)가 소리부인 형성자로 여겼다. 그러나 본디 형성자라면 한 가지 조건이 반드시 부합되어야 하는데 소리부는 본자(本字)와 반드시 동일한 운부(韻部)와 성부(聲部)여야 한다.

❶

❷

그러나 퇴(𠂤)자는 치음(齒音)이고 귀(歸)자는 후두음(喉頭音)이므로 갑골문에서 귀(歸)자의 조자방식은 반드시 표의(表意)여야 한다. 또한 여자가 시집간다는 의미는 퇴(𠂤)자와 추(帚)자 두 글자 사이에 어떤 연관성이 반드시 있어야한다.

그렇다면 추(帚)자의 원래 의미가 빗자루였다면 퇴(𠂤)자는 어떤 형상이었을까?

갑골문의 퇴(𠂤)자❸가 어떤 형상이었는지는 쉽게 알아볼 수 없다. 왜냐하면 갑골문에서 사용한 의미는 군대의 편제인데 이는 어떤 글자의 이름을 빌린 것일 뿐 군대 작전과 관련이 있는 것은 아니기 때문이다. 금문의 퇴(𠂤)자❹는 교차하는 필획이 길게 뻗어나간 것인데 이는 문자의 변천과정에서 흔히 볼 수 있는 현상이다.

이에 대해 『설문해자』에서는 이렇게 해석하고 있다.

> "퇴(𠂤)는 작은 언덕을 뜻한다. 상형자이다. 퇴(𠂤)부수에 속하는 글자들은 모두 퇴(𠂤)가 의미부이다."("𠂤, 小阜也. 象形. 凡𠂤之屬皆从𠂤.")

❸ ❹

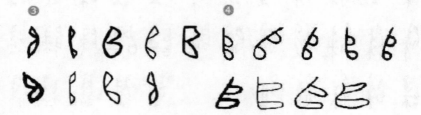

만약 퇴(自)자에 대해 허신의 해석이 옳다면 원래 글자 모양(♨)은 좁고 긴 죽간의 폭에 맞추기 위해 세로로 쓴 것이다(𝄖). 이 자형은 갑골문의 구(丘)자(◡)와 비슷하고 강의 양안(兩岸)을 나타내는 높은 언덕을 표현한 것으로 초기 인류가 거처하던 지형이다. 만약 퇴(自)자를 흙더미나 언덕의 모습으로 본다면 귀(歸)자의 탄생 의미는 여자가 시집갈 때 고향의 흙과 빗자루를 가지고 동행한 것으로 볼 수 있다.

빗자루의 역할은 바닥을 청소하는 것으로 이것은 시집가는 여자의 의무라는 것을 쉽게 알 수 있다. 그리고 흙덩이는 옛날 사람들이 먼 길을 떠날 때 그곳의 풍토가 맞지 않아 고생할 것을 염려하여 가지고 갔던 물건이다. 왜냐하면 고향의 흙을 통해 얻은 물을 마시면 위장을 조절할 수 있고 타지 음식에 적응할 수 있다고 믿었기 때문이다. 이러한 이유 외에는 퇴(自)자와 이 두 가지 물건이 어떻게 시집가는 여성과 관련이 있는지 생각해 내기가 어렵다.

제4부

혼인

혼인은 매우 중요한 사회제도로써 그것은 어떤 특정인이나 사람들 간의 공동생활에 대한 합법성과 권리 및 의무를 규정짓는 것이다. 혼인의 형태는 여러 유형이 있는데 서로 다른 조직이 반영되어 있다. 혼인 제도는 단순히 자손 번식만을 위한 것은 아니지만 자녀 양육 및 상속 권리의 중요한 근거가 되는 것은 사실이다. 게다가 혼인은 아주 중요한 사회활동 중 하나로 두 가족이 서로 긴밀하게 연계하여 서로의 명예와 이익을 추구하는 것이다.

옛날 사람들은 임신의 원인을 제대로 알지 못했다. 그래서 여성들은 남성과 관계 후 일정한 시간이 지난 뒤에야 비로소 임신한 사실을 깨달았다. 왜냐하면 당시에는 표면적으로 임신이 남자와의 직접적인 관계에서 발생한 결과라고 보지 않았기에 고대인들은 임신 여부를 알았을 때 주변에서 발생했던 일이나 특정 사물을 그 원인으로 보았다. 그래서 전설 속의 고대 인물들은 모두 그들의 어머니가 특정 사건과 연관되어 탄생한 경우가 많다. 예를 들어 중국 상(商)나라 시조인 설(契)은 꿈속에서 홀연히 한 쌍의 제비가 날아와 강가에서 알을 낳는데 그의 어머니가 그 알을 삼키는 꿈을 꾼 후 그를 잉태하여 낳았다. 그리고 중국 주(周)나라의 시조인 후직(后稷)은 그의 어머니 강원(姜原)이 들에서 바위에 새겨진 신(神)의 발자국을 밟은 후 이상한 기운을 느끼고 그를 잉태했다..

오랜 시간이 지난 뒤에야 사람들은 임신의 원인이 전적으로 남자에게 있다는 것을 알게 되었다. 그래서 혼인 제도에 의해 특정 남녀가 결혼하여 부부가 된다는 것은 곧 영원한 동반자가 되는 것임을 의미했다.

그리고 이러한 혼인 제도를 통해 한 쌍의 남녀가 부부로 된다는 것은 적어도 사람들이 출산의 원인이 결혼한 부부에 의한 것이지 여자와 신과의 관계로 인한 것이 아님을 알게 되었다.

중국의 혼인제도 기원에 대해 전해지는 이야기는 별로 없지만 소수민족의 전설을 통해 그것의 대략적인 상황을 알 수 있다.

중국 전설의 창조신인 복희(伏羲)와 여와(女媧)는 황제 이전 비교적 상세한 사적(事迹)을 가진 인물이며 그 두 사람을 중국 민족과 혼인 제도의 창시자로 보고 있다. 『고사고(古史考)』에서는 "복희 때에 결혼 제도가 생겼으며 사슴 가죽을 예물로 사용하였다("伏羲制嫁娶, 以儷皮爲禮")라고 나와 있는데 여기서 여피(儷皮)는 '한 쌍의 사슴 가죽'을 의미한다.

『풍속통의(風俗通義)』에는 "여와는 혼인의 신으로서 사람들이 여와의 사당을 세우고 제사를 지내며 결혼을 빌었다(女媧禱祠神, 祈而爲女媒, 因置婚姻)"라고 나와 있다. 한(漢)나라 시대의 돌무덤이나 사당의 벽, 돌기둥 등에 새겨진 복희와 여와는 상반신은 사람 하반신은 뱀의 모습을 한 채 손에는 창조의 상징물인 컴퍼스(規)와 구부러진 자(矩)를 들고 있으며 그 배경에는 해와 달을 수반하고 있다. 한나라 때는 그들이 죽은 자들의 안녕과 사악한 기운을 받지 않도록 사람들을 보호해 준다고 믿었다. 그들은 비록 남매임에도 불구하고 결혼을 하여 부부가 되었고 책임혼인제를 만든 고대 중국의 전설적인 인물들이다.

『풍속통의(風俗通義)』에서는 이렇게 설명하고 있다.

"천지가 열리고 아직 인간이 탄생하지 않았을 때 여와는 황토를 빚어 인간을 만들고 있었다. 그러나 하나씩 만들었으므로 바쁘기만 하고 인간의 숫자는 얼른 늘어나지 않았다. 그래서 여와는 진흙 안에 새끼줄을 집어넣고 들어서 인간을 만들었다. 따라서 여와가 직접 황토를 빚어 만든 인간은 귀인이고 수를 늘리기 위해 새끼줄에 붙은 진흙 덩어리로 만든 인간은 비천한 인간이다."

(俗說天地開闢, 未有人民. 女媧搏團黃土作人, 劇務力不暇供. 乃引繩
於泥中, 舉以為人. 故富貴者黃土人, 貧賤凡庸者絚人也.")

이 이야기는 어쩌면 사람은 결국 죽음을 면치 못하고 여와는 시간
이 없어 진흙으로 계속 사람을 만들 수 없었기 때문에 사람들이 스스로
자손을 만들 수 있도록 혼인 제도를 만든 것이라고 이해할 수 있다.

고대 중국에서는 결혼을 위해 납채(納采), 문명(問名), 납길(納吉), 납
징(納徵), 청기(請期), 친영(親迎)의 육예(六禮)가 필요했다. 『의례·사혼례
(士婚禮)』에 따르면 남자가 여자의 집에 납징(納徵)할 때 사슴 가죽을
보냈다고 한다. 그럼 왜 사슴 가죽을 보냈을까? 대만 소수민족들의 탄생
신화에서는 상고 시대 때 남매가 사슴 가죽으로 몸을 가린 채 교접이
이루어진 풍습에서 비롯된 것이라고 나와 있다.

대만 남세(南勢) 아미족(阿美族)의 탄생 신화에 따르면 일신(日神)과
월신(月神)의 15번째 자손인 한 남매가 홍수의 재앙을 피하기 위해 나무
절구통[木臼]을 타고 대만으로 표류하다 후손을 위해 부부가 되었다고
한다. 하지만 그들은 남매로서 배와 가슴을 맞대지 못하는 금기 사항을
지키기 위해 감히 부부 관계를 맺지 못했다.

그러던 어느 날 남매의 오빠가 사슴을 사냥하여 그 껍질을 벗기고
말려서 사슴 가죽에 구멍을 냈고 남매는 사슴 가죽으로 몸을 가린 채
금기를 깨지 않고 교접을 할 수 있었다. 그렇게 태어난 자녀들은 각각
여러 부족의 조상이 되었다.

이 이야기는 이후에 내용이 조금씩 와전되었는데 사슴의 가죽이 다
른 짐승의 가죽이나 양가죽, 풀잎, 부채 등으로 대체되었고 그것들은 금
기를 피하기 위한 남녀의 몸을 가리는 도구로 묘사되었다.

대만의 창조 신화는 중국의 복희와 여와의 전설과 많은 공통점을 가지고 있다. 먼저 해와 달의 관계이다. 아미족의 남매는 일신과 월신의 후손들이고 복희와 여와의 형상에도 해와 달이 등장한다. 두 번째는 홍수 이후에 사건이 전개되는 것이다. 어느 날 물의 신 공공(共工)과 불의 신 축융(祝融) 간의 시비가 붙어 싸움이 벌어졌는데 공공은 제 성질을 참지 못해 부주산(不周山)에 박치기를 했고 그로 인해 땅이 기울고 물이 들끓어 홍수가 났다. 여와 역시 갈대 잎을 태운 재를 쌓아 하늘에 닿은 홍수를 막았다. 세 번째는 이야기의 주인공이 모두 남매 겸 부부인 것이다. 네 번째는 사슴 가죽이 결혼의 중요한 매개체라는 것이다. 다섯 번째는 모두 뱀과 관계된 것이다. 뱀은 대만 원주 민족과 고대 월족(越族)에서 흔히 볼 수 있는 토템 도안이고 복희와 여와 역시 사신인수(蛇身人首: 몸은 뱀이고 머리는 사람 모양)의 형상을 하고 있다.

두 나라의 전설은 분명 같은 근원에서 나온 것이다. 남매의 이름이 방언으로 바뀌었지만 언어학자들이 분석한 결과 모두 같은 어원에서 온 것이라고 보고 있다.

선진(先秦)시대 때 복희의 의음(擬音: 음향 효과의 하나. 비·바람·파도 소리·동물 울음소리 등을 흉내 내어 인공적으로 내는 소리)은 'bjwak xia'이고 이야기 속의 주인공은 'piru karu' 혹은 'pilu kalau'로 표기 되었다. 음성학적으로 이는 같은 변화의 범위에 속하는데 비록 서로 다른 전설이지만 모두 같은 원천에서 온 것이라 보고 있다. 남매가 홍수를 겪고 온갖 우연의 일치를 통해 인간을 번식하는 이야기는 중국 각 민족의 전설에서 자주 발견된다. 그 중 아미족의 전설이 가장 사실에 가깝고 결혼식에서 사슴 가죽의 역할을 합리적으로 설명하고 있다. 사슴 가죽으로 몸을 가린 채 금기를 깨지 않은 것은 미개했던 고대 시대 사람들의 풍습에도 부합한다.

혈족 간의 교접은 초기 폐쇄사회에서 피하기 힘든 현상이었다. 사회가 비교적 개화되면서 혼란스러운 혈족 관계와 기형아를 낳는 것을 피하기 위해 혈족 간의 통혼을 금지하였고 이를 지극히 부도덕한 행위라고 생각했다. 그래서 후세 사람들은 조상들이 혈족과 통혼했다는 사실을 감추거나 미화하기 위해 인류의 초기 번식 단계를 신의 창조로 돌리려고 했다. 여와가 진흙을 빚어 사람을 만들었다는 것이 그 예이다. 혹은 그 잘못을 신에게 미루어 조상들이 어쩔 수 없이 신의 뜻을 받든 것이라 여겼다.

예를 들어 당(唐)나라 문학작품인 『독이지(獨異志)』에서 이렇게 설명하고 있다.

> "옛날에 우주가 처음 열렸을 때 여와 오누이 두 사람만 곤륜산에 있고 세상에는 아직 사람이 있은 적이 없다. 두 사람은 의논하여 부부가 되었고 스스로 부끄러워하였다. 오라비와 그 누이는 곤륜산에서 함께 기원하였다. '하늘이시여 만약 저희 오누이를 부부가 되게 맺어주고자 하신다면 연기를 합치시고 만약 아니라면 연기를 흩어지게 하소서.' 연기가 합쳐졌고 그 누이는 오라비에게 즉시 다가가 풀을 묶어 만든 부채로 그 얼굴을 가렸다. 오늘날 사람들이 아내를 맞아들일 때 부채를 잡는 게 그 일을 본뜬 것이다."("昔宇宙初開之時, 只有女媧兄妹二人在昆侖山上, 而天下未有人民. 議以為夫婦, 又自羞恥. 兄即與其妹上昆侖山, 咒曰: '天若遣我兄妹為夫婦, 而煙悉合. 若不, 使煙散' 則煙即合, 其妹即來就. 兄乃結草為扇, 以障其面. 今時人取婦執扇, 象其事也.')

▌동한(東漢)시대 화상석(畫像石)의
　복희(伏羲)와 여와(女媧) 그림.

▌하남성 당하현(唐河縣)에서 출토된
　한(漢)나라 화상석(畫像石)의 그림.
　복희(伏羲)와 여와(女媧) 주변의 두
　기가 곧 합쳐진다.

031

혼인할 혼

婚

聞

hūn

남자와 여자가 결합하는 의식을 혼(婚)이라 하고 혼(婚)은 형성자로 여(女)가 의미부이고 혼(昏)이 소리부이다.

혼(昏)자에 대해 『설문해자』에서 이렇게 해석하고 있다.

　"혼(婚)은 신부의 집을 뜻한다. 『예기(禮記)』에서 '신부를 취함은 황혼 무렵에 거행한다. 여자는 음(陰)이므로 혼(婚)이라 일컫는다.'라고 하였다. 여(女)와 혼(昏)으로 구성되었고 혼(昏)은 소리부도 겸한다. 靈은 주문체로 혼(婚)과 같다."
　("婚, 婦家也. 禮: 娶婦以昏時. 婦人陰也, 故曰婚. 从女, 昏, 昏亦聲. 靈, 籀文婚如此.")

　신부를 아내로 맞는 시간이 황혼 때여서 혼(婚)자를 사용해 혼인의 의미를 표현한 내용이다. 흥미로운 것은 『설문해자』에 수록된 주문의 자형(靈)이다. 원래는 금문시대 때 문(聞)자를 빌려와 혼인의 의미를 표현하였기에 혼(婚)자와 문(聞)자가 같은 글자인 줄 알았다.

　갑골문의 문(聞)자❶는 무릎을 꿇고 앉아 있는 사람이 큰 귀를 가지고 있는 형상으로 이는 귀의 청각적 기능을 강조한 것이다. 그리고 사람이 입을 벌리거나 침을 튀기는 모습을 하고 있는데 이 사람은 손을 들어 벌어진 입을 가리는 형상을 하고 있다. 이는 심상치 않은 소식을 듣고 당황한 듯 소리를 지르려다 급히 손으로 입을 가려 소리를 내지 못하게 하는 모습이다.

이 글자는 어떤 소식 혹은 아주 놀라운 소식을 들은 것을 의미한다. 갑골복사의 기록에 의하면 방국에 월식이 일어났는데 조정이 있던 안양에서는 직접 그 모습을 보지 못했다. 그래서 문(聞)은 생각지도 못한 것을 들었다는 의미를 담고 있다.

금문의 혼(婚)자는 문(聞)자를 가차하여 ❷로 나타냈는데 자형이 조금 변형되었다. 벌어진 입 위에 침 모양이 표시된 것을 보고 어떤 학자들은 머리에 예관을 쓴 신랑이라 생각했다.

사회에서 일부일처제의 혼인 제도가 생기면서 출산은 각 부부에 의한 것이지 신에 의해서가 아니라는 것을 알게 되었다. 이것은 매우 중요한 인지로 여기에부터 남자도 양육을 책임져야 했고 서서히 남자에 의한 부계사회로 변해갔다. 이러한 인식은 다음 글자를 통해 추론해 볼 수 있다.

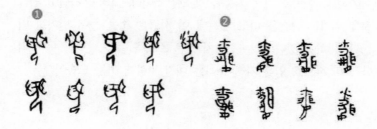

032

조상 조

祖

且

zǔ

갑골문의 조(祖)자는 원래 차(且)자❶로 사용되었으나 이후 신(神)을 나타내는 시(示)자가 편방으로 더해져서 현재의 조(祖)자가 되었다.

조(祖)자는 상(商)나라 때 2대 이전의 남자 조상을 칭할 때 사용되었다. 옛날 사람들은 수명이 비교적 짧았고 보통 3대가 같이 살았는데 4대까지 사는 경우는 드물었다. 그래서 2대 이전까지를 모두 조(祖)자로 사용하였고 다른 의미와 혼동되지도 않았다. 그러나 이후 사람들의 수명이 늘어나고 4대까지 함께 사는 일이 빈번해지자 2대 이전을 공(公), 3대 이전을 조(祖)로 나타냈다.

차(且)는 남성의 성기 형상(⬆)이다. 이 글자가 만들어졌을 때는 이미 임신의 원인이 남자와 여자의 수정에 의한 것임을 깨달은 뒤였고 남자의 성기는 인류 번식의 근원이기 때문에 남성의 조상이라고 보았다.

생물에게 번식보다 더 중요한 것은 없었기에 옛사람들은 생식기를 외설적이라 생각하지 않았고 오히려 숭배의 대상으로 여겼다. 그리고 번식은 모든 사람의 공통된 임무로 매우 엄숙한 일이었고 후대를 잇는 것을 결혼의 가장 중요한 목적으로 여겼다. 그래서 『맹자·이루(離婁)』에는 '세 가지 불효 중에서 후사(後嗣)가 없어 대를 이을 수 없는 것이 가장 큰 불효이다(不孝有三, 無後爲大)'라는 말로 당시의 관념을 나타냈고 자손이 없다는 것을 매우 큰 문제로 여겼다.

사실 모든 초기 사회는 같은 통념을 갖고 있었다. 중국 고대 유적의 석조(石祖)와 도조(陶祖) 등에는 남성 성기의 형상물(왼쪽 페이지)이 발견된 적이 있었다. 금문의 자형은 조금 변형❷되어 이것이 남성의 성기로 보지 못했고 간혹 한 손이 더해져 소변을 누는 형상(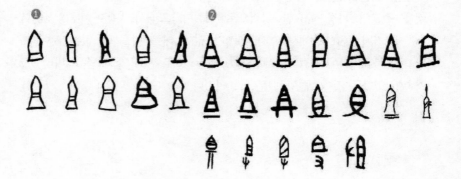)인지 아닌지 알지 못했다.

차(且)자에 대해 『설문해자』에서는 이렇게 해석하고 있다.

"차(且)는 (제물을)바칠 때 사용하는 것이다. 궤(几)로 구성되었다. 다리에는 두 개의 가로대가 있다. 일(一)은 그 아래의 땅이다. 차(且)부수에 속하는 글자들은 모두 차(且)가 의미부이다. 𠁁은 차(且)의 고문체이고 궤(几)자로 여겼다."("且, 所以薦也. 从几 足有二橫. 一, 其下地也. 凡且之屬皆从且. 𠁁, 古文以爲且, 又以爲几字.")

허신(許愼)은 차(且)자가 낮은 모양의 어떤 형상이라 생각했을 뿐 그것의 탄생 의미가 왜 남성의 성기인지 설명하지 못했다.

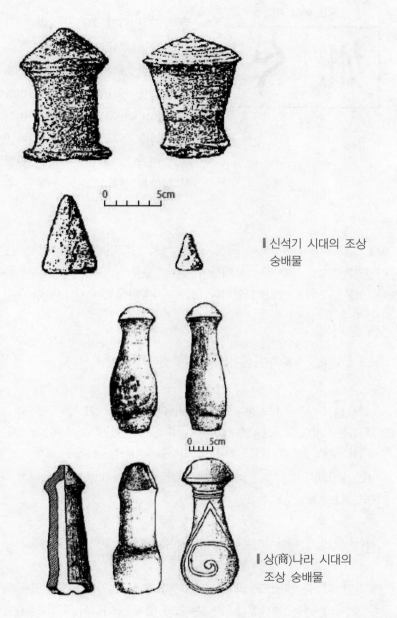

▌신석기 시대의 조상
　숭배물

▌상(商)나라 시대의
　조상 숭배물

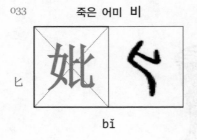

033 죽은 어미 비

匕

bǐ

조(祖)자와 함께 2대 이상의 여자 조상을 비(妣)라고 하며 갑골문에서는 비(匕)❶로 나타냈다. 조(祖)자가 남성 성기로 그 탄생 의미를 나타냈다면 여자 선조들 역시 여성의 성기를 통해 그 의미를 나타냈다고 여겼다. 그러나 이것은 자형의 형상을 전혀 고려하지 못한 추측이었다.

비(匕)는 국자의 형상으로 국물 속의 채소나 고깃덩어리를 건져내는 도구다.(사진 왼쪽) 문자에서 보이듯이 굽은 부분은 손잡이 앞부분은 채소나 국물을 담는 용기 모양이다. 금문 자형❷에서는 숟가락의 형태를 어느 정도 유지하고 있다.

비(匕)에 대해 『설문해자』에서는 이렇게 해석하고 있다.

"비(Π)는 나란히 조밀하게 순서 짓는다는 뜻이다. 인(人)이 반대로 뒤집힌 모양으로 구성되었다. 비(匕)는 또한 밥을 먹는 데 사용한 도구이며 사(柶)라고 부르기도 했다. 비(匕)부수에 속하는 글자들은 모두 비(匕)가 의미부이다.("Π, 相與比敘也. 從反人. 匕亦所以用匕取飯, 一名柶. 凡匕之屬皆从匕.")

이처럼 비(匕)에 대한 『설문해자』의 해석은 매우 정확하다.

그렇다면 왜 숟가락 모양의 글자가 여자 조상을 지칭하게 되었을까? 이는 두 가지의 가능성이 있다. 하나는 단순하게 숟가락의 의미를 가차해 독음한 것이다. 다른 하나는 숟가락은 음식을 조리할 때 필요한 도구로써 여성들이 많이 사용했을 것이고 이런 이유로 여자 조상들을 대신했다는 것인데 후자가 더 설득력 있어 보인다.

고대에는 출생 후 수건으로 여자아이의 탄생을 알렸고 일부 사회에서는 숟가락이나 숯을 사용하기도 했다. 이는 모두 여성의 가사 일과 음식에 관련된 도구로 여성을 상징하는데 쓰였다. 상(商)나라 때는 국자 외에(이후에는 비(妣)라고 써서 국자와의 의미와 구별되게 하였다.) 2대 이전의 여자 조상들을 뜻하는 의미로도 사용되었으며 소, 양, 돼지, 개 등의 암컷 가축을 나타내는데도 사용되었다.

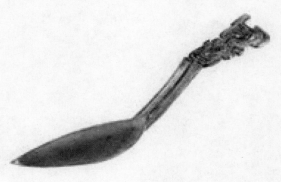

▌투조용문청동비(透雕龍紋青銅匕), 길이 26센티미터. 주(周)나라 초기, 기원전 10세기~기원전 ·11세기

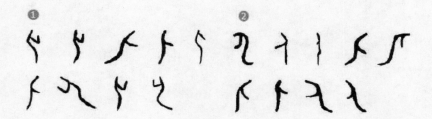

034 **아비 부**

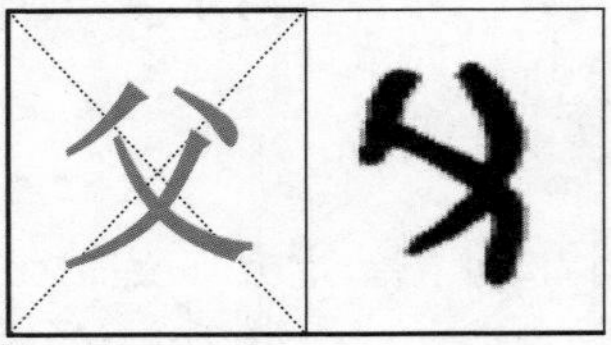

fù

결혼을 하고 아이를 낳으면 남자는 곧 아버지가 된다. 제2권 「전쟁과 형벌」편에서 소개한 갑골문의 부(父)자(父)는 한 손에는 돌도끼를 들고 있는 형상이다.

이는 모계사회의 관행에서 비롯된 것으로 노동의 구성원을 나타낸 것이다. 이는 성인 남성의 직무를 대표하는 것이지 아들과 아내에 대한 권위를 나타내는 것은 아니다.

035
어미 모

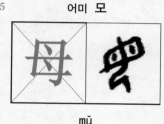

mǔ

아버지의 호칭에 상응하는 것은 바로 어머니이다. 갑골문의 모(母)자 ❶는 한 여성의 가슴에 작은 두 점이 있다.

먼저 여(女)자를 해석해 보자. 갑골문의 여(女)자 ❷는 한 사람이 깍지 낀 양손을 무릎 위에 얹은 채 앉아 있는 형태이다. 옛 문물에서 보면 고대 여성의 앉은 자세는 남성과 다를 바 없이 양손이 무릎 위에 가지런히 얹혀 있다. 하지만 글자를 사용할 때는 남성과 여성을 반드시 구별해야 했는데 대략적인 의미 구별을 위해 여성의 손은 깍지를 끼어 무릎 위에 얹게 하고 남성의 손은 자연스럽게 무릎 위에 놓게 했다(훙).

모(母)자는 여성의 몸 양쪽에 두 점을 더해 가슴을 표현한 것인데 이는 여성이 출산 후에 아이에게 젖을 먹이는 것을 강조하기 위해서였 다.

자녀를 양육하는 것은 어머니의 천직이다. 옛날에는 출산을 위해 생 명의 위험을 무릅써야 했는데 이는 자녀가 어머니에게 더욱 감사해야 할 점이었다. 그래서 수유의 경험이 있는 여성은 어머니로서 더욱 존경 받을만한 지위에 있다는 점을 표현했다.

모(母)자의 금문 자형❸은 어머니의 머리에 뼈로 만든 장식이 있는 형상으로(畫) 이는 성인 여성을 나타낸 것이다. 『설문해자』에서는 이렇게 해석하고 있다.

　　"모(畫)는 기르다는 뜻이다. 여(女)로 구성되어 있다. 여인이 아이를 품고 있는 형상이다. 일설에는 아이에게 젖을 먹이는 형상이라고 했다.("畫, 牧也. 从女. 从裏懷子形. 一曰: 象乳子也.")

가슴의 두 점을 두 선으로 늘어뜨리면서 자형에 조금 와변이 생겼고 그때서야 비로소 모(母)자가 임신한 여성의 이미지와 연관이 있다고 생각했다. 그러나 다른 설은 마치 아이에게 젖을 먹이는 모습과 같아서 글자의 형상이 가슴과 관련이 있다는 것을 알 수 있었다.

036 매양 매

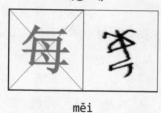

měi

갑골문의 매(每)자❶는 한 여성의 머리카락에 여러 가지 장식이 꽂혀 있는 모습이다. 여자는 원래 남자보다 꾸미는 것을 좋아했고 성인이 된 후에는 머리카락을 틀어 올려 머리에 장식을 꽂으며 많은 장신구를 소유하였다.

이는 여자들의 일상에서 자주 볼 수 있는 모습으로 여기에서 '풍요롭고 아름다움'의 의미를 나타내고 있다.

상(商)나라 시대의 몇몇 무덤에서 부녀자의 머리에 몇 십 개의 비녀가 꽂혀 있는 것이 발견되었는데 이는 정말 놀라운 광경이었다. 매(每)자의 금문 자형❷은 머리 모양의 장식 외에 여(女)자를 모(母)자로 써 일반 여성이 아닌 기혼 여성만이 할 수 있는 차림임을 강조했다.

『설문해자』에서는 매(每)자에 대해 이렇게 해석하고 있다.

"매()는 풀이 무성하게 올라온다는 뜻이다. 철(屮)이 의미부이고 모 (母)가 소리부이다."(", 草盛上出也. 从屮, 母聲.")

매(每)자에는 풍성하다는 뜻이 있어 『설문해자』에서는 푸른 풀이 무 성하게 자라는 모습으로 해석하고 이 글자를 형성자로 분석하였다. 그 러나 갑골문과 금문의 자형을 비교해 보면 매(每)자는 여성의 차림새와 관련이 있지 풀이 자라는 것과는 관련이 없다는 것을 알 수 있다.

재빠를 민

min

갑골문의 민(敏)자(🜲, 🜳)는 한 여성의 머리카락에 장신구가 여러 개 있고 손이 더 더해진 형상이다.

이 글자가 가진 '민첩하다'는 의미를 추론해 보면 머리카락에 장신구가 많고 빨리 꾸미지 않으면 집안일을 할 시간이 많지 않다는 것을 뜻한다. 이것은 아마 본인 스스로를 꾸미는 것일 수도 있고 다른 누군가의 치장을 도와주는 것일 수도 있는데 어쨌든 빨리 치장을 완성해야 한다는 것이다.

민(敏)자의 갑골문 자형에서는 손이 머리 위에 위치하여 잘 보이지만 금문❶에서는 손의 위치가 머리 부근에 있지 않다. 그래서 『설문해자』에서는 이렇게 설명하고 있다.

"민(🜲)은 빠르다는 뜻이다. 복(攴)이 의미부이고 매(每)가 소리부이다."("🜲, 疾也. 从攴, 每聲.")

민(敏)자의 자형에서는 이 글자의 진정한 탄생 의미가 보이지 않기 때문에 『설문해자』에서는 민(敏)자를 형성자로 보고 있다.

❶

🜲 🜳 🜴 🜵 🜶

많을 번

繁

fán

금문에 있는 번(緐)자❶는 매(每)
자와 멱(糸)자의 조합이다. 이는 형
성자가 아니고 상황을 표현하는 회
의자이다. 『설문해자』에서 번(緐)자
를 이렇게 해석하고 있다.

"번(緐)은 말갈기의 장식물을 뜻한다. 멱(糸)이 의미부이고 매(每)가
소리부이다. 『춘추전(春秋傳)』에 이르길 정번(旌緐: 깃발과 말을 장식한
번영(繁纓: 말안장에 꾸민 가슴걸이와 그에 딸린 여러 가지 부속품.)이
지만 이것을 말의 장식에 사용한 것은 번(樊)의 가차이고 본래는 제사
에 일을 보는 여자의 장식이다.)이라고 할 수 있겠는가? 緐은 번(緐)의
혹체로 변(臱)으로 구성되었고 변(臱)은 변(弁)의 주문체이다."("緐, 馬
髦飾也. 从糸, 每聲. 春秋傳曰: 可以稱旌緐乎. 緐, 緐或从臱. 臱, 籀文
弁.")

번(緐)자의 자형을 통해 그 탄생 의미를 보면 여성의 많은 장식물과
관련이 있는데 그 중 말갈기의 장식은 훗날 의미가 파생된 것이다.

이 글자에는 여성의 머리카락에 꽂는 비녀 등의 장신구 외에도 채
색 리본이 있다. 유물이 발굴된 출토 상황을 보면 상(商)나라 병사들의 머
리에 작은 방울이 장식되어 있다. 그리고 양저문화(良渚文化: 중국 신석기 시
대 후기의 한 문화)때의 유물 중 옥반(玉盤)의 끝부분에 작은 구멍이 뚫려있
는 투조관상변백옥소병(透雕冠狀變白玉梳柄)이 있는데 장신구들을 여기에
연결하여 사용한 것으로 보인다.(116쪽 참고)

그래서 번(緐)자의 탄생 의미가 여성의 머리에 꾸며진 많은 장신구일 수도 있다. 번잡함이란 추상적인 의미이기 때문에 일상생활에서 많은 형태를 가진 것을 찾아 표현할 수밖에 없었을 것이다.

그렇다면 『설문해자』에서 말하는 '말갈기의 장식(馬髦飾也)'은 틀린 해석이 될 수도 있다. 현재 남아 있는 병마용의 형상을 보면 말에는 장신구가 없고 오히려 말을 지휘하고 통제하기 위해 말의 얼굴에 기락(羈絡: 말머리를 싸거나 묶어 고삐를 만든 것)을 달았는데 그것을 통해 가죽 띠를 달아 손에 쥐게 했다. 기락에는 많은 장신구가 있는데 그 부분이 여성의 머리 이미지와 일치한다. 그래서 파생된 의미가 말의 장신구인 것이다.

❶

┃옥추형기(玉錐型器),
길이 18.4센티미터,
절강성
여항반산(餘杭反山)에
서 출토, 절강성 문물
고고학 연구소
소장.(절76호)
양저문화(良渚文化),
5300~4200년 전.

┃투조관상변백옥소병(
透雕冠狀變白玉梳柄),
길이 7.1센티미터,
절강성
여항반산(餘杭反山)에
서 출토.(화93호)
양저문화(良渚文化),
5300-4200년 전.

039

성 희

姬

ji

여성의 머리 장식은 아름다움을 더할 뿐만 아니라 계급을 나타내는데도 쓰인다. 갑골문의 희(姬)자❶는 성인 여성과 촘촘하고 길게 만들어진 빗을 의미한다.

금문의 자형❷은 크게 보면 갑골문 자형을 이어가는 것으로 구조는 같고 자형만 조금 변했다.

『설문해자』에서는 희(姬)자를 이렇게 해석하고 있다.

"희(姬)는 황제가 희수(姬水)에 살았기에 희(姬)를 가지고 성으로 삼았다. 여(女)가 의미부이고 이(臣)는 소리부이다." ("姬, 黄帝居姬水, 因水爲姓. 从女, 臣聲.")

❶   ❷

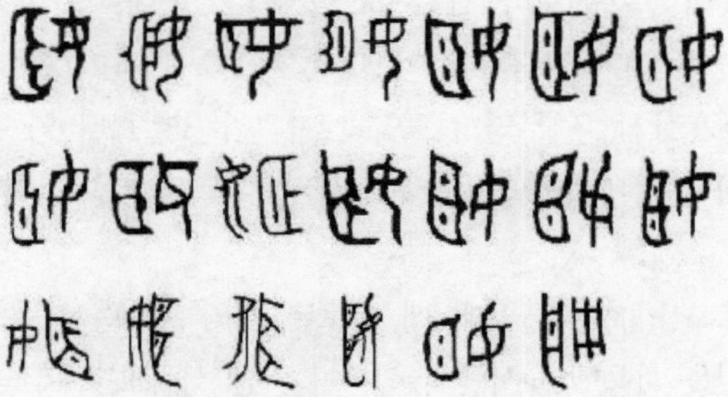

위 내용에서는 문제가 없는 것처럼 보이나 희(姬)자의 이(匝)부분에 대해 『설문해자』에서 이렇게 설명하고 있다.

"이(匝)는 턱이란 뜻이다. 상형자이다. 이(匝)부수에 속하는 글자들은 모두 이(匝)가 의미부이다. ⬚는 이(匝)의 주문체이다. ⬚는 주문체로 수(首)로 구성되었다."("匝, 頤也. 象形. 凡臣之屬皆从臣. ⬚, 篆文臣. ⬚, 籒文, 从首.")

『설문해자』에서 이(匝)자가 혀의 형상이라고 말하지만 이건 분명 틀린 해석이다.

갑골문과 금문의 희(姬)자를 보면 이(匝)는 혀의 형상이 아니라 촘촘하게 만들어진 빗의 모양이다. 특히 금문의 자형(⬚)은 촘촘하게 만들어진 빗의 모양을 가장 잘 표현하고 있다. 빗은 머리에 꽂는 물건으로 소전에서는 혈(頁)의 부호가 첨가되었다. 고문자에서 혈(頁)은 귀족적 이미지를 강조하기 위해 머리 부분의 전체 형태를 묘사했지만 일반 백성은 사람 몸뚱이만 그렸고 눈이나 머리는 그리지 않았다.

주문에 이르러서 수(首)의 부호가 첨가되었는데 이는 빗은 머리에 꽂는 것이기 때문이다. 조밀하고 길게 만들어진 빗의 재료는 귀중한 상아(象牙)나 미옥(美玉)을 사용했고 빗의 표면에는 특별한 무늬를 그려 빗의 촘촘함보다 더 눈에 띄게 하였는데 이는 제작의 목적이 전시에 있음을 뜻한다. 그림과 같이(119쪽) 대문구문화(大汶口文化) 때의 투조 상아빗[透雕象牙梳]은 무늬의 모양과 면적이 빗살보다 약 두 배나 더 크다. 또 세 개의 구멍은 번(繁)자에서 묘사된 채색 리본을 묶기 위해 만든 것을 뜻한다.

상(商)나라 시대 때 출토된 뼈의 수량은 매우 많지만 빗은 매우 적어서 빗을 사용했던 사람의 신분이 일반 사람보다 더 높았음을 알 수 있다.

지금까지의 분석을 통해 알 수 있듯이 희(姬)자는 귀부인을 뜻하는 데 그 의미를 더 명확하게 하는 것은 머리카락에 촘촘한 빗이 꽂혀 있는 모습을 나타낸 것이다. 이것은 머리에 비녀를 꽂은 사람보다 그 지위가 더 높다는 것을 의미한다.

중국의 전설 속에는 신농씨(神農氏)가 촘촘한 빗을 만들었다고 한다. 그리고 촘촘한 빗의 정확한 명칭은 바로 비(箆)자이고 신농씨는 중국의 농업을 발전시킨 전설 속의 인물이다. 이후 사람들은 재산권 및 각 사회적 영역에 대한 개념을 가지게 되면서 사회는 점점 빈부와 계급에 대한 구분이 생겼다. 그래서 계급에 따라 어떤 사람은 일하지 않고도 다른 사람의 생산물을 마음대로 이용할 수 있었다. 그리고 복장에서도 계급의 구분이 생겼는데 긴 머리는 노동에 어울리지 않는 것으로 이는 곧 귀족을 의미하는 것이다.

이 빗을 통해 4~5천 년 전의 대문구문화에서도 이미 계급이 존재했음을 말해준다.

▌투조 상아빗[透雕象牙梳], 높이 16.2센티미터, 너비 8센티미터, 산동성 태안현(泰安縣)에서 출토, 중국역사박물관 소장. 대문구문화(大汶口文化), 기원전 4300-기원전 2500년.

제5부

늙음 병듦 죽음

생(生), 로(老), 병(病), 사(死)는 인간이 피할 수 없는 과정으로 이로 인해 세대교체가 이루어진다. 늙고(老) 병들고(病) 죽는 것(死)은 서로 밀접한 관련이 있다. 사람이 늙어 체력이 떨어지면 병에 걸리기 쉽고 이 때문에 죽음에 이를 수도 있다. 그래서 이 세 글자(老, 病, 死)의 탄생 의미는 서로 연관성을 가지고 있다.

앞에서 효(孝)자를 소개할 때 이미 로(老)자에 대해 설명했다. 갑골문에서는 두 가지 자형이 존재하는데 하나는 모자를 쓴 노인의 형상이고 다른 하나는 헝클어진 머리카락과 걸을 수 있도록 도와주는 지팡이를 든 노인의 모습이었다. 지팡이를 들고 있는 것은 시대를 막론하고 노인들의 변함없는 모습이기에 이 자형은 여전히 남아있다.

갑골복사에서는 국왕이 늙은 장군을 전방에 파견하여 상황을 살펴게 했는데 늙은 장군의 몸은 이미 노쇠하여 체력이 많이 떨어져 있었다. 이것을 염려한 국왕은 그를 파견해도 될지 말지에 대한 점을 쳤는데 이와 관련된 내용이 기록되어 있다. 점사(占辭)는 '유노유인(維老維人)'이라는 사자성어를 인용하여 여정이 순조로울 것이라고 했다. 그러나 그 늙은 장군은 결국 여정 중에 죽게 된다. 알고 보니 유노유인(維老維人)은 나이가 들수록 어른이 되지만 체력도 약해져 병에 걸려 죽기 쉽다는 뜻이었다.

병 질

 jí

갑골문의 질(疾)자에는 두 가지 자형이 있는데 이후에 분화된 두 글자가 바로 질(疾)과 질(疒)이다. 이 두 글자는 각각 다른 운부(韻部)에 있었는데 이후에 다시 합쳐져 한 글자로 되었다.

첫 번째 자형❶은 성인이 화살에 맞아서 상처가 난 형상이다. 금문의 자형(疾, 疾)에서 첫 번째 자형은 전혀 변함이 없고 두 번째 자형은 침대에 누워있는 모습과 이미 합쳐진 형상이다. 이에 대한 『설문해자』의 해석은 다음과 같다.

"질(疾)은 질병을 뜻한다. 질(疒)이 의미부이고 시(矢)가 소리부이다. 질(疾)은 질(疾)의 주문체이며 입(卄)은 고문체이다."("疾, 病也. 从疒, 矢聲. 疾, 籀文疾. 卄, 古文.")

이는 질병과 관련된 형성자이다.

❶

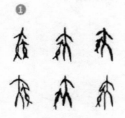

갑골문의 두 번째 자형❷은 누군가 침대에 누워 피나 땀을 흘리는 형상인데 이것 역시 질병을 뜻하는 형상과 관련이 있다. 금문에서는 이미 그것을 질병의 의미 부호로 쓰였으며❸, 단독으로 나타나지는 않았다.

『설문해자』에서 이렇게 설명하고 있다.

> "녁(疒)은 기대다는 뜻이다. 사람이 질병으로 통증을 나타내는 모양이다. 어딘가에 기대는 형상을 상형한 것이다. 질(疒)부수에 속하는 글자들은 모두 질(疒)이 의미부이다.
> ("疒, 倚也. 人有疾痛也. 象倚箸之形. 凡疒之屬皆疒.")

질(疒)은 누군가가 병이 생겨 무언가에 몸을 기대어 휴식을 취하는 모습으로 볼 수 있다.

고대에는 죽간에 글씨를 썼는데 죽간은 폭이 좁고 길어서 글자를 세워 써야 했다. 이 글자(疒)는 침대에 누워 있는 사람의 모습을 나타낸 것인데 그렇다면 왜 침대에 누워있는 모습이 병에 걸렸다는 것을 의미했을까? 이는 숙(宿)자와 비교해 보면 그 탄생 의미를 쉽게 이해할 수 있다.

❷   ❸

갑골문에서는 질(疾)자에 대한 두 가지 서법이 있는데 모두 질병에 대한 것이지만 그 원인이 서로 다름을 설명하고 있다. 먼저 전자는 외부에서 알 수 있는 사고에 의한 것이고 후자는 내재적으로 보이지 않는 요소에 의한 것인데 이 두 글자가 합쳐져 오늘날의 질(疾)자가 되었다.

질(疾)자는 갑골문에서 두 가지 의미를 지니고 있다. 하나는 '병이 나다는 것이고 다른 하나는 '재빠르다', '신속하다'라는 의미이다. 병이 나면 일단 신속한 치료를 통해 더 이상 병세가 악화되지 않도록 해야 했다. 그래서 병은 누구나 기피하는 대상으로 병에 걸리면 먼저 치료부터 해야 했기 때문에 질(疾)자는 '혐오'와 '신속'이라는 두 가지 의미로 파생되었다. 상(商)나라 때는 이미 질병에 대한 몇 가지 대책을 수립하고 있었기에 적어도 병이 나면 빨리 의사를 찾아가 진료를 받아야 한다는 것을 알고 있었다. 이는 구석기 시대 사람들처럼 단순히 자신의 면역력에 의존해 아무런 치료도 하지 않았던 것과 차이가 있다.

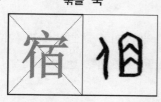

묶을 숙

sù

갑골문의 숙(宿)자❶는 다른 각
도로 돌려 보면 이런 자형(🝅)인데
이것은 누군가 돗자리에 누워 있는
모습으로 잠을 자고 있는 중이다.

그래서 침실에 까는 돗자리에도 사
용할 수 있다(🝅). 옛날에는 돗자리를 깔아서 잠을 청했고 아프면 침대 위
에 누워 휴식을 취했는데 이는 돗자리와 침대의 역할이 분명했음을 의미한
다. 즉, 돗자리에 사람이 누워있다면 그것은 잠을 잔다는 것이고 침대 위에
누워있다면 이는 곧 병이 생겨 아프다는 것이다.

금문의 숙(宿)자❷에는 다른 자형 하나가 더 있는데 이것은 마치 가
면을 쓴 사람이 집안의 여러 풀 사이에서 잠을 자고 있는 듯한 형상이
다. 가면을 쓴 사람은 주술사로서 귀신 분장을 한 모습인데 왜 그들은 돗자
리가 아닌 풀 사이에서 잠을 자고 있었을까?

❶

❷

『설문해자』에서는 숙(宿)자에 대해 아래와 같이 해석하고 있다.

"숙(宿)은 머무름을 뜻한다. 면(宀)이 의미부이고 숙(㑊)은 소리부이다. 숙(㑊)은 숙(夙)의 고문체이다."("宿, 止也. 从宀㑊聲. 㑊, 古文夙")

『설문해자』에서도 숙(宿)자가 돗자리에서 잠을 자는 모습인지 아닌지 그 형태를 제대로 알 수가 없어 집에서 새벽잠을 자는 모습이라 생각했다.

왜 옛날 사람들은 병이 나면 침대에 누워야 했을까? 이것 역시 다른 자형을 통해 추론해 볼 수 있다.

침구의 발전 과정을 살펴보면 처음에는 자연적인 바닥이나 나뭇가지에서 잠을 자는 것이었다. 그러다가 바닥에 까는 침구류가 점차 발달하면서 예전보다 생활이 더 편안해졌고 이로 인해 옷도 더럽히지 않게 되어 이후에는 이를 위한 전용 침구를 만들게 되었다.

『예기·간전(間傳)』에서 이렇게 설명하고 있다.

부모의 상에는 여막에 거처하며 거적자리 위에서 자고 흙덩이를 베개로 하며 질과 띠를 벗지 않는다. 자최(齊衰: 상례(喪禮)에서 규정한 오복제(五服制) 중의 하나. 거친 생마포로 아랫단을 접어서 지은 상복, 곧 자최복(齊衰服)을 말함)의 상에는 흰색으로 벽을 칠한 악실의 집에 거처하며 부들자리의 끝을 가지런하게 잘라서 그 머리를 안으로 엮어 넣지 않는다. 대공(大功)의 상에는 잠자리에 자리가 있고 소공(小功)·시마(緦麻)에는 평상이 있어도 좋다. 이것은 슬픔이 거처에 나타난 것이다.("父母之喪, 居倚廬, 寢苫枕塊, 不說絰帶. 齊衰之喪, 居堊室, 苄翦不納. 大功之喪, 寢有席. 小功緦麻, 床可也. 此哀之發於居處者也.")

한(漢)나라 때의 복상 제도를 보면 당시 얼마나 누추한 삶을 사는지가 슬픔의 척도를 가늠하는 기준이 되었다. 또한 상례(喪禮) 시 침구류의 사용 과정을 보면 처음에는 건초를 깔고 잠을 자다가 이후에 차츰 침대로 잠자리를 옮겨갔음을 알 수 있다.

갑골문에도 이러한 점이 반영되어 있는데 만약 건초 등의 돗자리를 바닥에 깔고 잠을 자다가 이후에 몸이 아프면 침대로 자리를 옮겼다. 왜냐면 침대는 지면의 습기를 차단하여 병세를 호전시키는데 도움을 줄 수 있었기 때문이다. 하지만 다음의 장(葬)자를 보면 그 원인이 비단 그 때문만은 아니라는 것을 알 수 있다.

042 **장사지낼 장**

zàng

갑골문의 장(葬)자❶는 목관 속에 사람이 잠들어 있는 형상이다. 이런 매장법은 동주(東周)시대 때 볼 수 있었는데 이는 아래의 그림을 통해 알 수 있다.

목관은 그 구조가 매우 복잡한데 만약 이러한 목관이 당시에 필요가 없었다면 사람들이 굳이 공을 들여 만들지 않았을 것이다. 하지만 이러한 목관은 당시 장례를 위한 최소한의 예의인지라 정성들여 제작하지 않을 수 없었다. 즉, 병이 들어 침대에 누웠다는 것은 곧 임종을 맞이할 준비를 하는 것이었고 침대에 누워 임종을 맞는 것이 주변 사람들을 위한 하나의 예의라고 생각했다.

침대에서 죽는 것은 특별한 의미가 있었다. 대만 초기의 건축은 난간 식으로 사람들은 평소 지면보다 높은 판자에 누워 지냈는데 이는 습기를 차단하기 위해 고안된 것이었다. 그러나 병이 위독한 사람이 있을 때는 환자를 현관에 임시로 만들어 놓은 침대로 옮겨 다른 곳으로 이동하게 했는데 이를 반포(搬鋪) 또는 사포(徙鋪)라고 불렀다.

❶

葬 葬 葬
葬 葬 葬

    단순히 습기를 피하기 위해서라면 그럴 필요가 없었지만 대만 사람들은 판잣집에서 죽으면 영혼이 공중에 매달려 하늘로 건너가지 못한 채 가족들을 괴롭힌다고 생각했다. 때로는 침대를 제때 만들지 못해 문짝을 뜯어서 임시 침대로 쓰기도 했는데 당시 사람들은 죽기 전에 반드시 임시로 만든 침대에 누워 임종을 맞아야만 남은 죽음에 대한 예속이라고 생각했다.

    이런 풍습은 공자의 시대로 거슬러 올라가 『예기·독궁(檀弓)』에서 증자(曾子)가 심하게 아파서 침대 교체를 요구한 기록에서 찾아볼 수 있다. 그리고 『예기·상대기(喪大記)』에는 병이 위중하여 침대를 버리고 바닥에서 죽었다가 다시 시체를 침대에 옮겨 관에 입관했다는 기록이 있다. 풍습은 모두 다르지만 어쨌든 침대는 시체를 안장하기 위한 것으로 그 목적은 습기를 차단하고 병을 치료하기 위한 것이 아니며 특정 신앙 때문에 생겨난 것이었다.

    병이 난다고 반드시 죽는 것은 아닌데 상나라 때의 문자는 어떻게 병과 장례를 위해 환자를 침대에 눕히는 것까지 반영할 수 있었을까? 그것은 고대 의료 수준과 관련 깊다. 상나라 때는 원인이 분명치 않은 내과 질환에 대해서는 별다른 방법 없이 오로지 신에게 기도하며 제사를 지냈는데 이런 경우 병사할 가능성이 매우 높았다. 그래서 일단 병에 걸리면 최악의 경우를 생각하여 환자를 이동시킬 수 있는 침대에 올려놓고 적절한 장소로 이동시켜야 했다. 이는 만약의 불행이 닥칠 경우를 대비하는 것이었다.

    서주(西周)시대 이후에는 약물이 발전하여 환자의 생명을 연장할 수 있었고 심지어 치유도 가능했다. 그러다 보니 환자가 장기간 병상에 누워있게 되면서 침대를 자연스레 상례(喪禮)를 준비하는 용품으로 받아들였고 더 이상 사람들이 꺼리지 않게 되었으며 조금씩 일상생활 속의 가구로 자리 잡았다. 침대는 지면보다 높아 습기와 먼지를 피할 수 있었고 침대를 이용하여 각종 작업과 휴식을 취할 수 있게 되었다. 동주(東周)시대에는 이미 목제 침대가 앉거나 식사를 하면서 글을 쓰고 손님을 맞이하는 용도로 발전하여 집안에서 가장 유용한 가구로 자리 잡았다.

금문에서는 아직 장(葬)자를 볼 수 없었는데 동한(東漢)시대에 와서 관 안에 침대를 두는 풍습으로 바뀌자 그 자형에도 그 풍습과 상응하는 변화가 생겼다. 『설문해자』에서는 장(葬)자에 대해 이렇게 해석하고 있다.

> "장(葬)은 (풀로) 덮다는 뜻이다. 주검이 수풀 사이에 있다는 의미이다. 일(一)이 그 가운데 있는 것은 주검 아래에 까는 것이다. 『주역(周易)』에서 옛적에 장사를 지내는 자는 섶으로 두텁게 입혔다. 망(茻)은 또한 소리부이다."("葬, 臧也. 从死在茻中. 一, 其中所以荐之. 易曰: 古者葬者, 厚衣之以薪. 茻亦聲.")

이처럼 죽은 사람은 주로 풀이 무성한 곳에 묻었다. 한(漢)나라 때는 목관에 묻었는데 네 개의 풀로 이루어진 이 망(茻)자가 목관 구조를 의미한다.

▎호북성 강릉(江陵) 동주(東周)시대 묘(墓)의 목관 형식

043 　꿈 몽

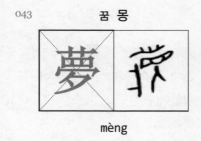

mèng

만약 침대가 임종을 앞둔 사람을 위해 죽음을 받아들이는 예의로 마련한 것이라면 왜 갑골문의 몽(夢)자❶는 비교적 복잡한 자형으로 눈과 눈썹이 있는 사람이 침대에 누워있는 모습일까?

고대 중국 사회에서는 위정자들이 중대한 사건에 대해 어려운 결단을 내려야할 때 신에게 결정을 바라는 풍습이 있었다. 꿈은 고대 사회에서 신의 계시로 여겼는데 보통 사람들은 이런 꿈을 꾸려고 애쓰지 않았고 또 굳이 꿈속 장면들을 기억하려 하지 않았다. 그러나 귀족들은 꿈을 꾸어야 했고 환각제를 먹거나 단식을 하여 강제로라도 꿈을 꾸려고 했다. 이 두 가지 방법은 모두 꿈을 꾸는 것과 비슷한 환각을 일으킬 수 있었지만 죽음을 초래할수도 있었다. 그래서 옛날 사람들은 침대에서 꿈을 꾸는 것을 선택하였다. 이는 만일 꿈을 꾸다가 불행하게 죽더라도 그것이 죽음에 대한 예속에 어긋나는 행동이라 생각하지 않았기 때문이다.

수면과 질병은 계급에 상관없이 일어나는 현상이기 때문에 문자 표현에 있어서 숙(宿)자는 일반인의 옆모습을 간단하게 그린 것이다. 갑골시대에는 사람의 형상에 눈과 눈썹을 그렸다. 이것은 귀족의 형상을 표현한 것으로 꿈을 꾸고 답을 구하는 것은 귀족이나 지배자의 책무였기 때문에 자형에 눈썹이 있는 사람의 형상으로 몽(夢)자를 나타낸 것이다.

❶

044
병 질

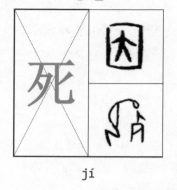

jí

소전의 장(葬)자(葬)는 무성한 풀 속에 죽은 사람이 매장되어 있는 형상이다.

갑골문의 사(死)자는 두 가지 형태를 띠고 있는데 하나는 누군가가 머리를 옆으로 젖혀서 목관 속에 누워있는 형상이고 그 사람의 주위에 보이는 점들은 부장품을 표시한 것이다❶. 이것은 죽음을 나타내는 글자로 상(商)나라 때 가장 흔하게 볼 수 있었으나 후대에는 오히려 거의 사용하지 않았다. 사(死)자의 또 다른 자형❷은 비교적 보기 드문 것으로 한 사람이 썩은 뼈 옆에 무릎을 꿇거나 애도의 뜻을 표하고 있는 형태이다. 이것은 이차장에서나 겨우 볼 수 있는 광경인데 소위 이차장이란 여러 해가 지난 후 사체의 피와 살이 완전히 썩어 버린 뼈를 도려내어 정리한 뒤 다시 흙 속에 묻는 것을 말한다. 이것은 아마도 산야에 보낸 노인을 짐승이 먹다 남은 뼈와 함께 묻는 방식인데 이런 풍습은 신석기 시대의 유적지에서 흔히 볼 수 있다.

❶

❷

갑골문의 첫 번째 사(死)(ᄇ)자는 정상적인 죽음으로 일반적인 매장방식을 사용한 것이다.

그러나 두 번째 사(死)(ᄊ)자는 금문❸에서 갑골문 자형을 이어받은 흔적이 보이는데 『설문해자』에서는 이를 이렇게 해석하고 있다.

> "사(ᄊ)는 다하다는 뜻이다. 생명을 다하여 영혼이 떠난 것이다. 이것은 알(歺)로 구성되었고 인(人)으로 구성되었다. 사(死)부수에 속하는 글자들은 모두 사(死)가 의미부이다. ᄊ는 사(死)의 고문체이다."("ᄊ, 澌也. 人所離也. 从歺从人. 凡死之屬皆从死 ᄊ, 古文死如此.")

『설문해자』에서는 사(死)자의 탄생 의미를 알 수가 없었다.

두 번째 사(死)자 자형은 갑골복사에서도 보기 드문 것인데 그중 하나의 복사에서 사망과 관련된 정황을 발견할 수 있다. 그것은 국경을 감시하기 위해 멀리 파견된 어떤 부족의 장군이 20여일 만에 사망한 일이다.(『합집』 17055) 사망했던 곳은 수도 안양(安陽)에서 멀리 떨어진 곳으로 추정되는데 거리가 너무 멀어 정상적인 장례를 치를 수가 없었다. 그래서 부패하거나 깨끗하게 처리된 뼈를 가져와 안양에 안장할 수밖에 없었다. 이때 썩은 뼈 옆에 무릎을 꿇고 앉아있는 형상의 보기 드문 자형이 바로 사(死)자이다.

❸

또 다른 복사에서는 "20일이 안되어 시경(示卿)이 사망했는데 그 사체를 말로 운송할 수 있을까요?"(勿廾有示卿死, 馹來歸?)(『합집』 296)라고 기록되어 있다. 여기서 일(馹)자는 '전하다'는 뜻이다. 즉, 시경(示卿)이 외지에서 사망했기에 시체를 안양에 안장하기 위해 운구 방법에 대해 문의한 것으로 보인다.

다른 예로는 첫 번째 자형 사(死)자()를 두 번째 자형 사(死)자()라고 말할 수 없다는 것이다. 왜냐면 상나라 사람들에게는 이 두 종류의 죽음은 서로 다르다고 여겼는데 하나는 정상적인 죽음이고 나머지 하나는 그렇지 못한 죽음인 것이다. 예전 대만의 풍속에서는 집 밖에서 죽은 사람은 집 안으로 옮길 수가 없었기 때문에 이것을 구분해서 사용한 것이다.

045 　　　아낄 린

lìn

갑골문의 인(吝)자(㖟, 吝)는 문(文)자와 구(口)자로 구성되어 있다. 구(口)자는 갑골문에서 입, 용기, 구덩이, 그리고 의미 없이 무엇을 채우는 기호로써 자주 사용되었다. 『설문해자』에서는 이렇게 해석하고 있다.

"린(吝)은 인색하다는 뜻이다. 구(口)가 의미부이고 문(文)이 소리부이다. 『주역(周易)』에서 이로써 나가면 인색하다(처음에는 위엄을 가지고 엄격하게 하고 나중에는 부드럽게 그 질곡을 벗겨주는 방식으로 하는 것이 올바른 교육이다. 계속 엄격하게만 하면 참다운 성과를 거둘 수 없게 되는 것이다. 즉, (포기하지 않고)계속 직진만하면 후회가 있다는 뜻이다.)는 뜻이다. 㖟은 인(吝)의 고문체이고 문(㣔)으로 구성되었다."("吝, 恨惜也. 从口, 文聲. 易曰: 以往吝. 㖟, 古文吝. 从㣔.")

『설문해자』에서 인(吝)자는 형성자로 구(口)는 입의 의미부이고 문(文)은 소리부로 생각했다. 이 설명은 애석함이 입과 서로 연관성이 있다고 보아야 받아들일 수 있다. 그러나 인(吝)자의 성모는 설변음(舌邊音)이고 문(文)자는 순음(脣音)으로 형성자의 규칙 상 이 둘은 서로 맞지 않는다. 그럼 인(吝)은 어떤 탄생 의미를 가지고 있을까? 이를 위해 먼저 문(文)자를 이해해야 한다.

046 **글월 문**

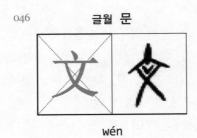

wén

갑골문의 문(文)자❶는 사람의 가슴에 무늬가 있는 모습이다. 금문의 자형에서 더욱 뚜렷하게 나타나는데❷, 가슴에 그려진 무늬는 심장, 입, 작은 점, 교차된 모양 등이다. 『설문해자』에서는 이렇게 해석하고 있다.

"문(夳)은 획을 교차하다는 뜻이다. 교차한 무늬를 형상했다. 문(文)부수에 속하는 글자들은 모두 문(文)이 의미부이다."

("夳, 錯畫也. 象交文. 凡文之屬皆从文.")

문(文)은 이미 간화된 이후의 자형이라 사람과 관련된 모습으로 보이지 않고 교차한 무늬로 나타낸 것이다. 가슴에 무늬를 새기는 것은 비단 미관을 위한 것은 아니었다. 중국인의 의복 역사는 만 년이 넘었는데도 그동안 무늬가 옷에 가려져 그 미관을 드러낼 수 없었다.

❶

문신은 중국 고대 장례의 한 형태로 시체의 가슴에 칼로 문신을 새기고 피가 흐르도록 함으로써 영혼을 풀어 환생하는 것을 의미한다. 이는 금문의 명문에서 흔히 볼 수 있었던 문인(文父), 문모(文母), 문조(文祖), 문비(文妣), 문보(文報) 등 영혼 석방 의식을 행한 고귀한 희생자들을 찬미하기 위해 사용되었다. 상(商)·주(周)나라 시대에는 살아 있는 사람에게는 문(文)자를 쓰지 않았으나 이후에 그 의미가 파생되어 문(文)자를 문재(文才), 문장(文章), 문학(文學) 등 사무적인 의미로 사용하였다.

문(文)은 죽은 사람의 영혼을 풀어주는 의식으로 인(吝)자를 자세히 보면 죽은 사람이 함몰된 형상임을 알 수 있다. 이는 완곡하고 한스러운 의미로 해석하기 쉽다. 왜냐하면 이 사람은 애석하게도 정상적으로 죽지 못해 침대가 있는 관에서 염장할 수가 없어 사체를 구덩이에 파묻을 수밖에 없었기 때문이다. 또한 애석함은 추상적인 개념으로 옛사람들은 이런 풍습을 통해 그 의미를 표현하고자 했다.

❷
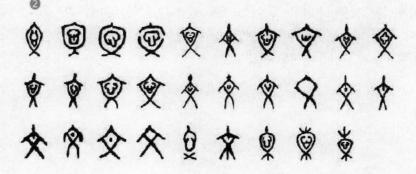

047

이웃 린

lín

린(鄰)자는 금문에서 하나의 자형(大)만이 존재하는데 두 개의 위(口)자와 하나의 문(文)자가 합쳐진 구조이다.

　이 글자는 곽점초간(郭店楚簡: 호북 곽점 초국묘실에서 발견된 죽간)의 『노자(老子)』에 나타나 있으며 현재 전해져 내려오는 원문과 대조해 보면 린(鄰)나라의 린(鄰)자 임을 알 수 있다. 많은 사람들이 이 글자는 문(文)을 소리부로 하는 형성자로 보고 있다. 그러나 문(文)은 린(鄰)자의 성류(聲類)와 서로 다른 성부(聲部)로써 이는 방전(旁轉)의 한 예로 다른 성부 혹은 다른 운부(韻部)로 바뀌는 해성(諧聲)현상이다. 이러한 해성현상을 가진 글자는 그 탄생 의미를 정확히 알 수 없다.

　위(口)와 구(口)의 자형은 확실히 구별된다. 위(口)는 하나의 범위를 표시하는 것으로 읍(邑)자처럼 사람의 주거 범위를 나타내어 위(圍)자가 성을 둘러싸고 있는 것을 나타내는 것이다.

　고대의 묘장은 모두 직사각형의 토굴로 문(文)은 성화(聖化)의식을 거친 사망자이다. 모든 자형은 묘장 구역에 있는 무덤이 서로 이웃하여 거주한다는 것을 나타내는데 이 표현을 빌려 '이웃'의 의미를 가지게 되었다. 이후 획이 훼손되거나 빠진 탓에 육조(六朝)시대의 묘비에 쓰인 린(鄰)자는 두 구(口)로 와변 되었다.

후대의 묘장은 반드시 질서 있게 배열된 것이 아니었기 때문에 사람들은 린(鄰)자의 탄생 의미를 제대로 이해할 수 없었다. 그래서 린(鄰)자를 형성자로 보았고 『설문해자』에서는 린(鄰)에 대해 이렇게 해석하고 있다.

"오가(五家)를 인(鄰)이라고 한다. 읍(邑)이 의미부이고 린(粦)이 소리부이다."("鄰, 五家爲鄰. 从邑, 粦聲.")

048

돌아올 환

還

hái

만약 외지에서 죽게 되면 초혼 의식을 진행하였는데 초혼 의식은 적어도 상(商)나라 때부터 시작된 의식이다.

갑골문의 환(還)자❶는(　) 전후 시기에 따라 두 글자로 나뉘는데 전기의 자형은 도로(　)와 눈썹이 있는 눈(　), 그리고 쟁기(　)로 구성이 되었고 후기의 자형은 쟁기가 옷으로 바뀐 형상(　)이다.

고대에는 일반인이 외지로 나가는 일이 거의 드물어서 외지에서 객사한 사람들은 대부분 전쟁터의 병사들이었다. 그 병사들은 주로 농민들이었고 타지에서 객사하면 무당은 죽은 사람이 생전에 사용했던 쟁기로 영혼을 불러 모은 후 안장을 시켰다. 이후에는 농민 출신의 병사 외에도 장사꾼이나 사신들도 있어 그들이 죽을 경우 살아생전 입었던 옷을 휘두르며 이름을 불러서 영혼을 안장시켰다. 왜냐하면 객사한 시체는 당시 풍습에 의해 집안에 들여 놓을 수 없었기 때문이다.

저명한 문학 작품 『초사(楚辭)』의 「초혼(招魂)」, 「대초(大招)」 등이 이처럼 죽은 자들의 넋을 달래는 노래였다.

❶

제6부

사망의식과 신체

죽음의 개념

어떤 사회에서든 삶과 죽음은 인생에서 가장 의미 있는 순간이다. 출생은 곧 사회의 합류를 의미하며 탄생, 미월(彌月), 명명(命名) 같은 각종 축하 행사가 있다. 그리고 죽음은 모든 사회 활동을 중지하고 일생의 사업 성과와 공과(功過)를 마무리하는 단계로 시호(諡號)를 증정 받고 관작(官爵)을 올리며 묘원(墓園)을 짓는 등 영예로운 죽음을 맞이하기 위한 각종 의식이 수반한다. 상가(喪家)에서는 죽은 사람을 애도하며 남은 유족들을 위로하기 위해 돈을 아끼지 않았다. 장례식 역시 고인의 명복을 위한 하나의 의식으로 죽은 사람과 친척 혹은 친구와의 관계가 반영된 사회적 기능을 가지고 있다. 그럼 죽음은 언제 맞이하는 걸까?

옛날 사람들은 일반적인 죽음과 그렇지 못한 죽음에 대해 서로 다른 장례식을 치렀고 사망 시간에 대한 관념도 지금과 달랐다. 지금은 호흡이 없거나 뇌사한 경우 사망으로 간주하지만 『한서·남월열전(南粤列傳)』에서 남월왕(南粤王)은 이렇게 말했다.

"이 늙은이가 백읍(百邑)에 땅을 정하니 동서남북이 수천만 리나 되고 갑옷이 백만 여벌 남았는데 북쪽의 한(漢)나라를 어찌 섬길 수 있겠습니까? 저는 감히 선인을 저버릴 수 없습니다. 이 늙은이는 월(越)에서 49년간 지내다가 지금에서야 손자들을 품고 있습니다. 아침에 일어나 저녁에 잠들고 있지만 잠을 잔다고 하여도 편안하지 못하며 밥을 먹어도 달지 않고 눈은 살결이 곱고 아름다운 여인도 보이지를 않으며 귀는 종고의 음악 소리도 들리지 않는 것은 한을 섬길 수가 없기 때문입니다. 이제 폐하께서 다행히 이 늙은이를 슬프고 가련하게 여기시어 옛 호칭을 회복시켜 주시고 한과 사신을 옛날처럼 왕래하게 하시니 이 늙은이는 죽어서도 뼈가 썩지 않을 것입니다. 호칭을 고쳐 감히 황제를 칭하는 일은 없을 것입니다."("老夫身定百邑之地, 東西南北數千萬里, 帶甲百萬有餘, 然北面而臣事漢, 何也? 不敢背先人之故. 老夫處粵四十九年, 于今抱孫焉. 然夙興夜寐, 寢不安席, 食不甘味, 目不視靡曼之色, 耳不聽鍾鼓之音者, 以不得事漢也. 今陛下幸哀憐, 復故號, 通使漢如故, 老夫死骨不腐, 改號不敢爲帝矣!")

이는 육신이 썩어 백골이 되어서야 완전히 죽는 것이라고 밝히면서 이 편지를 보내기 전 즉, 살아생전에 남월왕은 한나라를 황제라 칭하지 않고 그들과 맞섰다는 내용이다. 이 내용은 고대 사회에서 죽음을 처리하는 관습에 대해 시사 하는바가 있다. 중국 고대 사회에서는 제사를 지낼 때 아랫사람을 윗자리에 앉히는 것을 시(尸)라고 부르며 조상을 대신해서 제사를 지내는 관습이 있었다.

049

주검 시

尸　　ヿ

shi

갑골문의 시(尸)자(ヿ, ヿ)는 사람이 혼자서 쭈그려 앉아 있는 형상이다.

이것은 상(商)나라 동이인(東夷人)의 앉음새였는데 이는 무릎이나 엉덩이를 바닥에 닿지 않고 몸도 더럽히지 않을 수 있는 가장 완벽한 자세였다. 하지만 중국 귀족들은 어설프게 무릎을 꿇는 자세를 택했고 밖에서는 그러한 자세가 불편해 어쩔 수 없이 계속 서 있을 수밖에 없었는데 이렇게 무릎을 꿇는 자세는 당시 교양 있는 사람들의 자세가 아니었다.

『논어·헌문(憲問)』에 기재된 「원양이사(原壤夷俟)」에는 공자의 친구 원양(原壤)이 동이인의 무릎 꿇기 자세로 공자를 기다리고 있는 내용이 기록되어 있다. 이런 자세는 예의가 없는 행동이었기에 공자는 매우 언짢아했다. 이 자세는 당시 이차장(二次葬: 장사를 지내고 일정 기간 뒤에 시신을 다시 옮겨 묻는 일)에서 사용된 모습이기도 했다.

사람이 죽으면 몸이 뻣뻣해지는데 백골로 부식되기를 기다렸다가 그 뼈들을 다시 정리하여 배열할 때 저런 자세가 나타날 수 있다. 중국 고대인들은 사체가 백골로 부패한 뒤 다시 한 번 장례 의식을 거쳐야만 비로소 망자가 세상을 떠난다고 믿었다. 그래서 남월왕도 자신의 뼈가 썩지 않는 한 한(漢)나라를 황제라 부르는 일은 없을 것이라고 말했다. 대만에는 '골두타고(骨頭打鼓)'라는 속담이 있는데 이는 '이제는 세상을 떠나도 여한 없을 만큼 노쇠하였으니 어떤 일에도 관여하지 않고 오로지 아들의 뜻에 따르겠다.'는 의미이다.

금문의 자형❶은 갑골문의 형상을 그대로 유지하였고 『설문해자』에
서는 이렇게 해석하고 있다.

> "시(尸)는 늘어놓다는 뜻이다. 사람이 구부리고 엎드려있는 형상이다.
> 시(尸)부수에 속하는 글자들은 모두 시(尸)가 의미부이다."
> ("尸, 陳也. 象臥之形. 凡尸之屬皆从尸.")

시(尸)자에 대한 『설문해자』의 해석은 완전히 틀렸다. 단옥재(段玉裁)
는 "와(臥)자에서 말하기를 엎드린다(伏)는 뜻이라 하여 이 글자(尸)는
머리를 수그리고 등이 굽은 모양을 상형하였다."("臥下曰伏也. 此字象首
俯而曲背之形.")라고 해석했기 때문이다. 이는 고대인들의 습관으로 비
추어 볼 때도 여전히 잘못된 해석이다. 시(尸)자는 분명 쭈그려 앉아 있
는 모습이지 잠자거나 엎드려 누워 있는 형태가 아니다.

『의례(儀禮)』에는 여러 편장(篇章)에 영시(迎尸: 시동을 맞이하는 제사)와
관련된 내용이 수록되어 있는데 영시의 원인으로는 『의례·사우례(士虞禮)』「
축영시(祝迎尸)」의 주(注)에서 볼 수 있다.

> 시(尸)는 맡다는 뜻이다. 효자의 제사에 어버이의 형상을 볼 수 없
> 어 마음을 맬 곳이 없으므로 시(尸)를 세워 생각을 모은다."
> ("尸, 主也. 孝子之祭, 不見親之形象, 心無所繫, 立尸而主意焉.")

그리고 『공양전·선공8년(宣公八年)』에 이렇게 설명하고 있다.

"임오(壬午)일에 지내지 않아야 할 역제(繹祭)를 지내면서 만무(萬舞)를 태묘 안에서 행하였으나 피리는 불지 않았다. 역제란 무엇인가? 태묘에 제사를 지낸 다음 날 지내는 제사이다."
("壬午, 猶繹. 萬人去籥月. 繹者何? 祭之明日也.")

또 하휴(何休)의 주(注)에서는 이렇게 설명하고 있다.

"제사에 반드시 시동이 있어야 하는데 신을 섬긴다는 의미. 『예기(禮記)』에서는 천자는 경으로 시동으로 삼고 제후는 대부로 시동을 삼으며 경대부 이하는 자손으로 시동을 삼는다. 하나라 때는 시동을 세웠고 은나라 때는 시동을 앉혔고 주나라 때는 선왕 신령들을 각각 대신하는 6명의 시동도 있다. 이들은 제사를 지낸 뒤부터 술잔을 들어 올린다."("祭必有尸者, 節神也. 禮, 天子以卿為尸, 諸侯以大夫為尸, 卿大夫以下以孫為尸. 夏立尸, 殷坐尸, 周旅酬六尸.")

설명하는 바와 같이 하상주(夏商周) 시대에 시동을 안치하는 자세가 모두 다른데 실상은 아닐 수도 있다. 그리고 상대(商代) 때 시동을 앉힌 경우는 오히려 갑골문의 자형에 서로 부합된다.

『예기·곡례상(曲禮上)』에서 이렇게 설명하고 있다.

"무릇 앉는 것은 시동처럼 하고 서 있는 것을 재계할 때처럼 한다. 예의는 마땅한 바에 따르고 사신으로 나가서는 그 나라 풍속에 따른다."("若夫, 坐如尸, 立如齊. 禮從宜, 使從俗.")

위의 설명을 따르면 시(尸)는 앉은 자세로 볼 수 있다. 무릎 꿇기는 동양인의 앉는 자세 중 하나이긴 하나 이차장의 자세이기도 하다. 그래서 시(尸)자는 동양인의 앉는 자세를 본뜬 것이 아니라 죽은 사람의 이 차장 형식을 본뜻 것이다.

이후 의미는 선대 가족을 그리워하기 위하여 자손이 무릎 꿇고 앉아 조상에게 제사를 지내는 것으로 변하였다. 중국인이 조상에게 효도하는 것은 유가에서 제창하는 부모의 장례를 25개월, 즉 3년 상(喪)으로 간주하는 것으로 아마 이와 관련 있을 것이다. 고서에는 3년 상에 관한 내용이 많이 기록되어 있는데 공자 시대에 이르러 이런 전통은 임금에서부터 서자까지 모두가 지내야 하는 통례가 되었다. 그러다 묵가에서는 상의 기간이 너무 길어 다른 일을 등한시한다고 생각했고 이는 공자의 제자들도 마찬가지였다.

『사기·중니제자열전(仲尼弟子列傳)』에는 이렇게 기재되어 있다.

"재여(宰予)는 자(字)가 자아(子我)이다. 언변에 능했다. 공자에게 가르침을 받은 뒤 이렇게 물었다. '부모의 상을 3년이나 치르는 것은 너무 길지 않습니까? 군자가 3년 동안이나 예를 행하지 않으면 예는 반드시 무너지고 3년 동안이나 음악을 익히지 않으면 음악이 반드시 무너질 것입니다. (1년이 지나면)묵은 곡식이 다 없어지고 새 곡식이 익으며 불씨를 만드는 나무도 바꾸어야 하니 1년이면 그칠 만한 것입니다.' 공자가 반문하였다. '그것으로 네 마음이 편안하겠는가?' 재여가 '편안합니다.'라고 대답하였다. '네가 편안하면 그렇게 하라. 군자는 부모의 상을 치르는 동안 맛있는 음식을 먹어도 달지 않으며 음악을 들어도 즐겁지 않다. 그래서 그리하지 않는 것이다.' 자아가 물러가자 공자는 말하였다. '재여는 참으로 인(仁)하지 않다. 자식은 태어나 3년이 지난 뒤라야 부모의 품을 벗어나게 된다. 무릇 3년 상은 온 천하에 두루 적용되는 의리이다.'"
("宰予字子我. 利口辯辭. 既受業, 問: "三年之喪不已久乎? 君子三年不為禮, 禮必壞; 三年不為樂, 樂必崩. 舊穀既沒, 新穀既升, 鑽燧改火, 期可已矣." 子曰: "於汝安乎?" 曰: "安." "汝安則為之. 君子居喪, 食旨不

甘, 聞樂不樂, 故弗為也." 宰我出, 子曰: "予之不仁也! 子生三年然後
免於父母之懷. 夫三年之喪, 天下之通義也.")

공자의 설명은 부모는 자식이 출생한 후 3년간 포옹과 책임으로 자식을 살펴야만 비로소 아이들이 독립적으로 움직일 수 있기에 이와 동일한 시간으로 부모에게 보답해야 한다는 것이다.

육아의 일반적인 경험으로 비추어 볼 때 아이들은 한 살 때 자유롭게 움직일 수 있고 또한 하루 종일 부모가 아이를 안고 있는 경우도 드물기에 이런 해석은 타당하지 않을 수도 있다.

제사를 지낼 때 조상을 대표하는 시신은 이차장의 형태로 제사를 지내기 때문에 이차장이 모두 끝나야 조상에 대한 제사를 다 치렀다고 생각했다. 그리고 시체가 백골로 되는 시간은 일정하지 않았는데 만약 시체가 공기에 노출되면 피와 살들은 빨리 부패되었다. 반면 땅속에 묻으면 시신을 오래 보관할 수 있었는데 매장 방법, 관의 재질, 토지의 특성에 따라 소요 시간이 각각 달랐다. 대만에서는 보통 2~3년, 길게는 7~8년으로 생각했고 고대 중국의 화북성 지역에서는 일반적으로 3년이 걸린다고 봤다. 굴원(屈原)의 「천문(天問)」에는 이렇게 기록되어 있다.

"솔개로 거리를 재고 거북이는 걷는 것으로 땅을 골랐으니 곤(鯀)은 어찌하여 그대를 맡겨 두었는가? 백성의 뜻에 따라 성공했더라면 요임금이 어찌 그를 벌주었겠는가? 오래도록 우산(羽山)에 감금하였는데 어찌하여 삼 년이나 사형에 처하지 않았는가?"("鴟龜曳銜, 鯀河聽焉? 順欲成功, 帝何刑焉? 永遏在羽山, 夫何三年不施?")

『산해경해내경(山海經海內經)』에 곽박(郭璞)이 인용한 『개서(開筮)』에 따르면 이렇게 나와 있다.

"곤(鯀)이 죽어 3년간 썩지 않아 오도(吳刀)로 주검을 가르니 황룡으로 변했다."("鯀死三年不腐, 剖之以吳刀, 化為黃龍也.")

대정농(臺靜農)이 주해한 내용에 따르면 위 문장의 의미는 '곤(鯀)이 우산(羽山)에서 죽었는데 어찌 3년 동안 시체가 썩지 않았느냐'라는 것이다. 이를 통해서도 당시 시체가 썩어 백골이 되는 기간을 보통 3년으로 보았다는 것을 알 수 있다.

이것으로 보아 복상(服喪)이 어떻든 주검이 썩어 백골이 되는 3년의 시간이 지나야 비로소 상을 끝낼 수 있다고 추측해 볼 수 있다. 후대에는 그 유래를 정확히 알지 못했기 때문에 부모를 떠나보내고 그것을 기리는 시간을 3년으로 정했다고 해석할 수 있다. 부모를 품에서 영원히 떠나보내는 시간은 달랐고 주검이 백골화가 되는 시간은 물리적이라 상을 3년 동안 지내는 풍습이 생긴 것이다.

뿐만 아니라 어떤 이유로 3년을 기다리지 못하거나 3년 동안 썩지 않으면 인위적인 방식으로 상을 끝내야 했다.

『노사(路史)·후기(後紀)』에서 이렇게 설명하고 있다.

"곤(鯀)이 죽어 3년간 썩지 않아 그 배를 가르는데 오(吳)나라 칼로써 하였다."("鯀殛死, 三年不腐, 副之以吳刀, 是用出鯀.")

곤(鯀)이 죽어 3년간 썩지 않아 오도(吳刀)라는 검으로 주검을 갈라 백골로 만들었다는 내용이다. 당(唐)나라 때 이백(李白)은 일이 있어 사천성으로 떠나야 했기에 검으로 친구의 주검을 자르고 장례를 치렀다.

그리고 『사기·은본기(殷本紀)』에서는 이렇게 설명하고 있다.

"무정이 즉위한 후 은나라를 부흥시키려고 생각하였으나 아직 자신을 보좌해줄 신하를 찾지 못했다. 3년 동안 말도 않고 정사에 관한 결정을 태재(冢宰)에게 맡겨둔 채 나라의 기풍을 관찰하였다.'"("帝武丁即位, 思復興殷, 而未得其佐. 三年不言, 政事決定於冢宰, 以觀國風.'")

또 『상서·무일(無逸)』에서는 이렇게 설명하고 있다.

"은나라의 고종은 …… 즉위하자 이내 상을 당해 3년 동안 말을 하지 않고 지냈다.'"("其在高宗 …… 作其即位, 乃或亮陰, 三年不言.'")

이는 많은 사람들이 이른바 무정(武丁)이 양음(亮陰: 임금이 부모의 상중에 있음) 중에 계실 때 그의 복상(服喪) 기간을 3년이라고 여겼다.

심지어 『상서·요전(堯典)』에서 이렇게 설명하고 있다.

"순이 섭위한 지 28년 만에 마침내 요임금이 돌아가시니 백성들은 부모의 상을 당한 듯이 3년을 지냈고 온 나라는 모든 음악을 그쳐 조용하였다.'"("二十有八載, 帝乃徂落, 百姓如喪考妣, 三載, 四海遏密八音.'")

이러한 내용은 모두 당시 3년 상의 풍속을 반영한 것이라 말할 수 있다.

상나라 때 사람이 죽으면 자손은 십간(十干)이 포함된 갑을병정으로 죽은 사람을 기념하는 풍습이 있었다. 일반적으로 죽은 사람의 생일이나 죽은 기일에 근거해 이름을 지었다. 상왕(商王)이 죽고 난 뒤 시호가 몇 개의 십간에 집중돼 있었는데 그것은 분명 자연적인 탄생일이나 사망한 날짜가 아닌 것으로 보는 학자도 있다. 어쩌면 백골을 수습하는 날을 진짜 사망한 날로 간주하여 누군가는 그날을 길일로 생각해 이름을 명명했던 것 같다.

고대의 장례풍습

먼 옛날 사람들은 생사의 생리(生理)현상에 대해 잘 알지 못했고 영혼의 불멸을 믿으며 죽음은 흔히 새로운 삶의 시작이라고 여겼다. 죽음과 삶은 고리의 두 끝과 같아 계속 순환되는 것이니 죽음에 대해 특별히 더 슬퍼할 필요가 없으며 오히려 더 반가운 상황이라 여겼다. 죽음을 통해 노쇠한 몸이 새로운 몸과 생명으로 다시 태어날 수 있기 때문이다.

삶과 죽음의 형상은 옛사람들이 이해할 수 없는 많은 것 중의 하나였다. 그들은 만물에 모두 영혼이 있고 사후 영혼들도 어떤 생활 형태가 있어 영구적으로 소멸되는 것이 아니라고 생각했다.

삶과 죽음에 이러한 변화가 있다면 영혼은 어떻게 몸에서 떠나가는 걸까? 여기에 대한 답을 생각하지 않을 수 없다. 옛날 사람들은 피부가 갈라져 피가 흐르고 과다 출혈로 인해 사망했다. 이는 사람들로 하여금 새로운 생명을 얻으려면 피가 몸에서 빠져 나오게 해야 하고 영혼은 혈액을 따라 밖으로 나와 다시 태어나는 것이라 믿었다. 그래서 많은 사람들이 '피를 흘리지 않고 자연스럽게 사망하는 것은 불길한 징조라고 생각했다. 왜냐하면 영혼이 해방되지 않으면 진정한 사멸이라 생각하지 않았기에 사람들은 죽음 자체에 대한 두려움 보다 피를 흘리지 않고 죽는 것에 대한 두려움이 더욱 컸다. 그래서 우리는 문자를 통해 고대인들의 매장 풍습에 대한 변천 과정을 알 수 있다.

050

작을 미

微

wéi

갑골문에 있는 미(微)자❶는 한 손에 몽둥이를 들고 뒤에서 긴 머리를 공격하는 형상이다. 금문 ❷에서는 이와 같은 자형을 유지하고 있고 『설문해자』에서는 이렇게 해석하고 있다.

"미(微)는 자세히 보다는 뜻이다. 인(人)이 의미부이고 또 복(攴)이 의미부이고 기(豈)의 생략형이 소리부이다."("微, 眇也. 从人, 从攴, 豈省聲.")

허신(許愼)은 이 글자의 탄생 의미를 모르거나 그 의미를 상상할 수 없었기 때문에 미(微)자에 대해 기(豈)의 생략형이 소리부인 형성자로 보았다. 그러나 소리부를 생략했다는 설명은 성립될 수 없다.

미(微)자는 기본적으로 두 가지 의미가 있는데 첫 번째는 눈이 멀었다는 것과 두 번째는 은밀히 행동을 한다는 뜻이다. 눈이 멀었다는 것은 그림으로 표현하기가 쉽지 않았기 때문에 어떤 습관을 빌려 표현해야 했다.

❶ ❷

미(微)자는 공격 대상이 머리카락이 헝클어진 노인이었는데 바로 앞에서 언급한 로(老)자의 모습이다. 노인들은 시력이 좋지 않기 때문에 생산성이 높지 않은 고대인들은 반드시 이러한 노인들을 죽여서 경제적 부담을 줄여야 했고 여기에서 '눈이 멀다'는 의미가 생겼다. 그리고 대중들에게 공개적으로 노인들을 살해했던 것이 아니라 뒤에서 사람들 몰래 그런 행위가 이루어졌기 때문에 '위장, 비밀' 등의 의미도 있다. 또 이렇게 매를 맞는 노인은 약하고 병든 노인이라 '병' 혹은 '미약하다'라는 의미도 있다.

『설문해자』에서 살(殺)자의 고문(🦌)은 갑골문의 미(微)자 자형과 거의 같고 미(微)자의 의미에 타격의 뜻이 내포되어 있어 살(殺)자로 오해받을 수도 있다.

옛날에는 몸의 피부가 갈라지지 않으면 영혼이 몸에서 빠져 나와 환생할 수 없기에 피를 흘려 죽는 가장 쉬운 방법으로 폭력을 사용하였다. 옛날 사람들은 노인들이 죽여야만 새롭고 건강한 몸으로 다시 환생한다고 믿었기에 그런 행동에 대한 죄책감이 없었다. 그래서 중국은 옛날부터 노인을 때려서 죽이고 그들이 새롭게 환생하도록 하는 풍습이 있었다. 하지만 문명사회에서는 그런 풍습이 매우 비인도적이고 야만적인 행동이라 여겼으며 법률과 도의적으로 용납되지 않는 행동이었다. 그러나 고대 사람들은 여전히 죽은 사람의 몸에서 영혼을 풀어주어야 다시 환생할 수 있다고 믿었고 그것이 남은 가족들을 위한 것이라고 여겼다. 그렇지 않으면 그 영혼이 다시 환생하지 못한 채 가족들을 괴롭히는 불행의 시작될 것이라 믿었다.

노인의 두개골이 다른 사람들에게 부서지는 사례는 국내외 구석기 유적지에서 흔히 볼 수 있다. 중국에서 노인을 때려죽이는 풍습은 수십만 년 전 북경 주구점(周口店)의 원시인들로부터 시작된다. 많은 학자들은 이러한 이유가 당시 경제적인 원인이 아니라 사람을 잡아먹기 위해 두개골을 골절시킨 것으로 보고 있다. 인육을 먹는 것은 단순히 굶주림 때문이 아니라 개인의 마력을 키우고 경제력인 부분이나 타인보다 더 유리한 생각을 가지기 위해 그랬을 것이라고만 추측하고 있다.

먼 옛날에는 생산력이 낮고 식량이 부족했으며 특히 질병이 유행하거나 부족 간의 이동이 잦아 병약한 노인들은 자신들을 죽여 부족들에게 먹게 하여 기아의 위기를 해소하라고 건의했다. 노인들은 부족들에게 공헌할 수 있는 것도 일종의 해탈이고 병으로 인해 땅속에서 썩는 것보다 훨씬 더 편안할 것이라 생각했기 때문이다. 사실 이러한 의견들도 어느 정도 타당성은 있다.

이것의 가장 명백한 증거는 최소한 7천 년의 역사를 가진 광서성 계림(桂林)의 증피암(贈皮岩) 유적이다. 이 유적지에서 유해(遺骸) 14구의 두개골이 발견되었는데 그중 4구의 두개골이 사람에 의해 막대기나 뾰족한 물건으로 머리를 관통당한 상처였다. 이는 모두 50세 이상의 사람으로 추정되며 다른 젊은 사람의 유해에는 이런 현상이 없었다.

죽은 사람의 두개골이 부서지는 것은 오래된 유적에서 흔히 볼 수 있는 현상이다. 먼 옛날에는 분쟁이 적었으니 전쟁으로 인해 그렇게 많은 사람이 죽었다고는 볼 수 없다. 게다가 고대에는 50세가 이미 고희(古稀)로 여겨졌는데 통계에 의하면 구석기 시대 절반은 20세 이전에 사망했고 구석기 시대 말에는 3분의 1이 20세였으며 10분의 1만이 40세였다. 8천 년 전 선민(先民)의 배이강(裴李崗) 묘장의 연령을 보면 80명 중 가장 최연장자는 40세로 두 명밖에 없다. 2세 미만인 사람도 36명이다. 주(周)나라에 이르러 56세 이상의 사망자는 7% 밖에 되지 않았으니 그 시대 때 50세는 매우 늙었다는 것을 의미한다. 증피암에서의 노인들은 모두 나이가 들어 자신의 생활을 돌보기 힘들어서 자손들에게 환생을 위한 의식을 진행하도록 했다. 이때 피살자와 집행자 모두 어떠한 감정이나 죄책감을 느끼지 않았을 것이며 이러한 풍습은 말기까지 계속 남아있었다.

민속조사자들이 사천성에서 같은 유래의 두 이야기를 발견했는데 모두 노인을 죽여 그것을 먹었던 풍습을 반영하고 있다. 첫 번째 이야기는 어떤 노인이 옥상에 올라가 초가지붕을 고치고 있었는데 아들은 그 밑에서 물을 끓이며 아버지를 내려오게 하여 끓는 물에 아버지를 삶아 마을 사람들에게 베풀고자 했다. 아버지는 본인이 아직 생계를 꾸릴 능력이 있으므로 아들에게 그 일을 조금 늦추라고 했다. 하지만 아들은 이미 아버지가 다른 사람의 고기를 먹었고 이제는 아버지 차례라서 어쩔 수 없다고 했다. 아버지는 결국 변명의 여지없이 옥상에서 내려와 삶는 물에 들어가게 되었다. 또 다른 이야기는 아버지가 아들에게 소 한 마리를 죽여서 그를 대신하라고 했고 그때부터 마을 사람들은 상(喪)을 당했을 때 소를 도살하여 대접했는데 그 이후로 더 이상 노인을 죽이지 않았다고 한다.

이 이야기들은 옛날에 노인을 죽여서 그 영혼을 해방 시키고자 했던 오랜 전통이 실존했음을 보여주고 있다. 아주 먼 훗날 일부 지역의 중국인들은 여전히 이러한 전통을 기억하고 있었다. 기원전 3세기에 굴원(屈原)은 『초사 천문(天問)』에서 '어쩌다 근면한 자식이 어머니를 죽여서 시체가 흩어져 땅이 되다니(何勤子屠母而死分竟墜地)'라는 내용에 반문(反問)하였다. 아마도 초(超)나라 종묘의 벽화에 하조(夏朝)의 국왕 계(啟)가 자신의 어머니를 살해하는 이야기가 있는데 굴원은 이런 고대의 풍습을 알지 못하였기에 어떻게 이런 대역무도한 행위를 한 사람이 어진 임금이 되었는지를 하늘에 물어보는 내용이었다. 후세의 호사가(好事家)들은 이것을 하나의 신화로 만들었는데 계의 모친이 황하의 치수(治水)인 하우(夏禹)를 피하기 위해 황급히 돌로 변했고 그 돌이 부서지면서 아들 계가 나왔다고 한다. 이는 돌이 부서진 것이 어머니의 시체를 분산한 것과 같다고 하였다.

이후 사회적 문명 수준이 높아지면서 사람들은 차마 나이 든 노인을 죽이지 못했고 결국 짐승이 출몰하는 산야로 보내 짐승들에게 잡아먹히게 한 후 남은 뼈를 다시 회수하여 매장을 했다.

한(漢)나라 때 이와 관련된 또 다른 이야기가 있다. 원곡(原穀)은 그의 아버지를 도와 할아버지를 산중에 버리고 오는데 내려오면서 지게를 가지고 내려오자 그의 아버지는 왜 그것을 가지고 오냐고 물어봤다. 이에 원곡은 자신 역시 아버지가 노쇠하면 아버지를 이 지게에 지고 버릴 것이기 때문에 가져 온다고 대답했다. 아버지는 짐승이 많은 산중에 죽기 싫다며 다시 할아버지를 집으로 모셔와 지극히 봉양했고 그 후 원곡은 효자로 명성을 얻었다고 한다.(160쪽 참조)

북미 에스키모인들도 최근까지 노인을 버리는 풍습이 있었다는 것은 모두가 아는 얘기이다. 일본에도 이와 비슷한 풍습이 있는데 유명한 소설 『나라야마 부시코(楢山節考)』에도 그 내용이 나와 있다. 작가 이노우에 야스시(井上靖)도 자신이 어릴 적 어머니로부터 이와 비슷한 얘기를 들은 적이 있다고 말했다.

점점 사람들은 노인을 황폐한 산과 들에 보내 짐승에게 물려 죽게 하는 일이 너무나 비인간적인 행위라고 생각하게 되었다. 그래서 노인이 죽은 후에 황야에 그 시신을 버렸고 며칠이 지난 후 짐승들이 먹다 남은 뼈를 주워서 그것과 함께 매장하는 것으로 바뀌었다. 전국(戰國) 초기 『묵자·절장(節葬)』에서는 이렇게 설명하고 있다.

"초나라 남쪽에는 염인(炎人)이란 나라가 있었는데 부모가 죽으면 그 살을 썩힌 다음 내다 버리고 이후 그 뼈를 묻어주고 난 후에야 비로소 효자라고 하였다."("楚之南有炎人國者, 其親戚死, 朽其肉而棄之, 然後埋其骨, 乃成為孝子.")

이것은 당시의 장례 풍속을 묘사한 것이다.

중국 일부 지역의 소수 민족들은 이 풍습을 더욱 오랫동안 고수해 왔다. 동북 지방은 사람이 죽은 뒤 시신을 나무에 높이 걸어놓고 새에게 썩은 고기를 먹게 하거나 들판에 버려서 짐승들이 먹게 했다. 회수한 뼈가 깨끗하게 먹히지 않고 남게 되면 생전에 죄가 있었다는 의미로 인식해 가족들이 매우 불안해했다. 티베트의 부유한 사람들은 심지어 스님에게 고기를 잘라서 새와 짐승들에게 먹이로 주길 부탁했는데 이때 머리뼈를 으스러뜨리게 할 정도였다. 그 뒤 이를 음식물에 섞어 새와 짐승들이 먹게 함으로써 시신의 흔적을 남기지 않게 했다.

▎동한(東漢) 및 북위(北魏)시대 화상석(畫像石)에 새겨진
효자 원곡(原穀) 이야기.

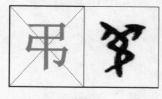

051 조상할 조

diào

갑골문의 조(弔)자 ❶ 는 어떤 사람
(亻)이 몸에 끈이 묶여 있는 모습
이다.

또한 사람의 몸을 일직선으로
간략화한 사례도 있다. 동북 지역
에서는 사람이 죽은 후에 시체를 나무에 걸어 놓고 새에게 썩은 시체를
쪼여 먹게 한 후 남은 뼈를 묻었는데 이것은 범인을 처벌하는 방식이
아니었다. 만약 범인을 처벌하는 방식이라면 좀 더 힘들고 고통스러운
방식을 사용했을 것이다.

❶

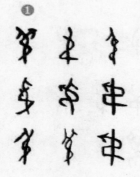

금문은 기본적으로 갑골문의 자형❷을 유지하고 있다. 조(弔)자는 호칭으로 사용되던 숙(叔)자를 차용했기 때문에 출현빈도가 매우 많았다.

『설문해자』에서 이렇게 해석하고 있다.

> "조(弔)는 고인을 애도하고 아울러 유족을 위문하다는 뜻이다. 인(人)으로 구성되었고 또 궁(弓)으로 구성되었다. 옛적에 장사를 지내는 자는 섶으로 두텁게 입혀서 들 가운데 장사지냈다. 사람이 활을 들고 새를 잡고 있는 형상이다. 궁(弓)은 조문을 다녀온다는 뜻이다."
> ("弔, 問終也. 从人从弓. 古之葬者, 厚衣之以薪. 故人持弓會敺禽也. 弓, 蓋往復弔問之義)

허신(許慎)은 밧줄을 활로 착각해서 그 화살로 시체를 쪼아 먹는 새와 짐승을 쫓아내게 하는 것인 줄 알았는데 이 내용은 조(弔)자의 탄생의미와 완전히 상반되는 것이다.

❷

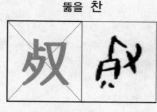

052 뚫을 찬

cán

갑골문에 있는 찬(叔)자❶는 한 손으로 뼛조각을 줍는 모습을 표현하고 있다. 시체를 새와 짐승에게 먹히게 한 후 남은 뼈들은 대부분 잘 보존되지 않았는데 이로 인해 '불완전하다'는 의미를 가지게 되었다. 『설문해자』에서 이렇게 해석하고 있다.

"찬(𣦼)은 잔천(殘穿: 사방으로 흩어진 뼈를 모아 끈으로 꿰는 것)의 뜻이다. 우(又)와 알(歺)로 구성되었고 알(歺)은 소리부도 겸한다. 찬(叔) 부수에 속하는 글자들은 모두 찬(叔)이 의미부이다."(𣦼, 殘穿也. 从又, 歺. 歺亦聲. 凡叔之屬皆叔. 讀若殘.)

잔천(殘穿)으로 의미를 해석하면 사방으로 흩어진 뼈를 모아 끈으로 꿰는 것으로 이러한 매장 방식은 흙 속에 묻거나 독에 안치하는 것이 더 편리할 수 있다. 대만 초기의 풍습도 붉은 실로 뼈를 이어 붙여 다시 매장하는 것이었는데 나중에 땅을 적게 차지하고 비용을 줄이기 위해 뼈를 태워 작은 항아리에 넣었다.

❶

053 **골 학**

壑

hè

뼈를 줍는 풍습과 관련된 학(叡)자는 『설문해자』에서 이렇게 해석하고 있다.

"叡은 도랑을 뜻한다. 찬(奴)으로 구성되었고 또 곡(谷)으로 구성되었다. 학(郝)과 같이 읽는다. 叡은 학(叡)의 혹체로 토(土)로 구성되었다."("叡, 溝也. 从奴, 从谷. 讀若郝. 叡, 叡或从土.")

소전의 학(叡)자는 원래 세 개의 구건(構件)이 합쳐진 것(叡)이다. 하나는 손(크)이고 하나는 고골(枯骨: 살이 썩어 없어진 시체의 뼈)(片)이며 나머지 하나는 골짜기(向)다. 이것은 깊은 골짜기에 있는 백골을 손으로 줍는 형상인데 깊은 골짜기는 일반인이 잘 가지 않는 곳으로 시체를 버리기에 적합한 장소였다. 그래서 사람들이 깊은 골짜기에 가는 것은 흔히 가족의 뼈를 줍기 위한 것으로 이러한 풍습이 학(叡)자의 탄생 의미를 만들었다. 일찍부터 손으로 뼈를 줍는 것은 깊은 골짜기의 뜻을 표현하기에 충분했고 나중에 곡(谷)의 부분을 덧붙여 그 의미를 더욱 명확하게 했다.

뼈는 자연히 부패가 되던 새와 짐승의 먹이가 되던 결코 깨끗하게 될 수 없기에 정리가 필요했다. 그래서 이차장(二次葬)은 시체의 뼈를 깨끗하게 씻은 후 정리하는 것이므로 세골장(洗骨葬)이라 부르기도 했다. 『맹자·등문공상(滕文公上)』에서 이러한 내용이 있다.

"일찍이 그 어버이를 장사 지내지 않는 자가 있었는데 그 어버이가 죽자 시체를 들어다가 골짜기에 버렸다. 후일에 이곳을 지나가는데 여우와 너구리가 뜯어 먹고 파리와 모기떼가 빨아 먹거늘 그 이마에 땀에 젖어 흘겨보며 똑바로 보지 못하니, ……돌아와서 삼태기와 흙 수레로 덮어서 가렸다."("蓋上古嘗有不葬其親者, 其親死則舉而委之于壑. 他日過之, 狐狸食之, 蠅蚋姑嘬之, 其顙有泚, 睨而不視, ……蓋歸反虆梩而掩之.")

이는 새와 짐승에 의해 훼손된 시체를 차마 볼 수 없는 심경 때문에 좀 더 나은 매장 방식으로 변경한 것이다.

사망의식의 변화

　광동성과 대만에서는 얼마 전까지만 해도 개수피(蓋水被: 시신과 함께 넣은 솜들을 모두 제거하고 수피(큰 흰색 천위에 붉은색 천을 함께 꿰맨 것)로 시신을 덮는데 이것은 단순히 시신을 덮는 것 외에 그 영혼이 다른 무엇인가로부터 해를 입지 않기를 바라는 마음이 담겨있다.)와 점주(點主: 사람이 죽어서 위패에 신주(神主)라는 글자를 쓸 때 주(主)자의 위 점은 일부러 쓰지 않고 '신왕(神王)'이라 써서 두었다가 발인할 때 그 '왕(王)'자 위에 점을 찍어 '신주(神主)'로 만드는 것을 말한다.)라는 두 가지 장례의식이 남아 있었는데 이 풍습이 어디서 비롯되었는지 얼마나 긴 역사가 있는지 아는 사람이 별로 없다.

　개수피 의식에서 수피(水被)는 길이가 5척, 너비가 2척이 넘는 흰 천을 가리키며 중앙에 길이가 1척이 넘는 붉은 천을 꿰매는 것이다. 시신을 입관하기 전에 먼저 상주가 시체 위에 수피를 덮고 난 다음 다른 가족이 시신에 다른 천을 덮는 것이다. 이러한 점주의 풍습은 널리 유행되어 현재 많은 곳에서 시행되고 있다. 그것은 명망이 있는 사람을 청하여 왕(王)자를 쓴 신주에 주필(朱筆)로 점을 찍어 주(主)자가 되게 하는 것으로 시신을 땅에 묻기 전에 이 의식을 거행해야 했다. 여기서 주(主)자의 의미는 조상의 영혼이 깃든 곳이다.

　이런 특별한 매장 의식은 도대체 어떤 의미가 있는 걸까?

054 주인 주

zhǔ

갑골문의 주(主)자❶는 나무에 불빛이 있는 모양으로 고대에는 나뭇가지로 만든 햇불이 외부 조명으로 사용되었다. 주(主)자에 대해 『설문해자』에서는 이렇게 해석하고 있다.

"坐는 등잔에서 타오르는 불의 형상을 뜻한다. 왕(王)은 상형자이고 ▲으로 구성되었는데, ▲은 소리부도 겸한다."
("坐, 鐙中火主也. 王, 象形. 从▲. ▲亦聲.")

이 자형은 이후에 만들어진 형태로 전국(戰國)시대에 구리로 만든 등(燈) 기구가 대량으로 나오기 시작하면서 자형도 등불 위의 심지 모양으로 변한 것이다. 그럼 왜 주(主)자가 신주(神主)의 위패에 사용되었을까? 아마 신주(神主) 옆의 등불을 켜기 위함은 아니었을까?

❶

글월 문

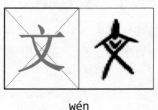

wén

문(文)자는(138쪽 자형 참고) 문신을 뜻하는데 이것은 중국 고대 장의(葬儀)의 한 형태로 칼로 시체의 가슴에 문신을 새기고 피를 흘리게 함으로써 영혼을 풀어주는 것이다.

문신은 피부를 찔러 상처 부위에 물감을 입혀 영구적인 문양을 띠게 하는 것이다. 피부색이 검은 민족은 대개 물감의 색조가 피부에 잘 나타나지 않기 때문에 바늘로 꿰매거나 뜸을 뜨는 방식으로 피부에 무늬를 이루는 흉터가 생기게 했다. 현재 문신을 새기는 가장 보편적인 이유는 미관을 위해서지만 옛날에는 병과 재해를 예방하고 성년의 신분을 표시하며 단원의 자격을 표시하는 기능으로 쓰였다.

예로부터 문신의 기원을 다음과 같이 설명했다. 수해 이후 지상에는 남매만 살아남았는데 인류의 멸종을 막기 위해 한 사람의 얼굴에 숯을 칠해 알아보지 못하게 한 후 교접을 시도하였고 결국 자손을 번성시킬 수 있었다. 다른 곳에서는 바다의 어부들이 상어의 공격을 피하기 위해 물고기 비늘 문신을 새기곤 했으며 또 다른 지방에서는 죽음 의식과 연관이 있다.

주(周)나라 시조인 고공단보(古公亶父)는 셋째 아들인 계력(季歷)에게 왕위를 물려주고 싶었는데 이는 계력의 아들인 창(昌)이 매우 현명하고 재능이 있었기 때문이다. 하지만 당시 장남에게 왕위를 전위하는 전통 때문에 마음이 매우 답답했다. 그래서 그의 의중을 두 아들인 장남 태백(太伯)과 차남인 중옹(仲雍)에게 전해졌고 두 아들은 아버지의 뜻을 이루기 위해 『사기·오태백세가(吳太伯世家)』에서 "태백과 중옹 두 사람은 이내 형만(荊蠻)으로 달아나 몸에 문신을 새기고 머리카락을 잘라 왕

이 될 수 없음을 보여 주면서 계력을 피했다(於是太伯 仲雍二人乃犇荊
蠻, 文身斷髮, 示不可用以避季歷)."라고 기록되어 있다.

일반적으로 오(吳)나라와 월(越)나라는 모두 문신을 하는 민족으로
태백과 중옹은 입경(入境)하여 그 나라의 풍습을 따라 머리카락을 자르
고 문신을 한 채 야만인이 되었다. 이에 두 사람은 귀국하여 권좌를 물
려받을 수 없게 되었는데 이 해석은 결코 합리적이지 않다. 왜냐하면
주(周)나라는 원래부터 의복을 입는 민족으로 두 사람은 자른 머리카락
을 기르고 의복을 갖춰 입어 다시 주나라의 사람으로 다시 돌아갈 수
있었기 때문이다. 그러나 그러지 않은 이유는 뭘까? 게다가 선진문헌에
서 말하는 중국 내 문신을 하는 민족은 오나라와 월나라 밖에 없었다.
두 형제가 약속이나 한 듯 이런 풍습을 가지고 있는 각 나라로 간 것은
우연의 일치였을까?

태백과 중옹이 문신을 한 이유는 주나라 사람들의 죽음 의식을 통
해 자신들이 이미 세상에 존재하지 않는다는 것을 상징하고 주변의 사
람들에게 더 이상 그들을 기다리지 말고 계력을 옹립하라는 것으로 추
측된다. 이 두 사람은 각각 오나라와 월나라에 점점 교화(教化)되는 공
로 때문인지 몰라도 양국의 사람들은 그들에게 존중을 표시하기 위해
태백과 중옹의 가슴에 새긴 문신을 본받아 오나라와 월나라에도 문신을
새기는 풍습이 생긴 것이다. 후세 사람들은 이 역사적인 사건이 시체에
문신을 새기던 풍습이 반영되었다는 것을 몰랐기에 그저 호수가 많던
오나라와 월나라의 어부들이 상어의 공격을 피하기 위해 물고기 비늘을
문신으로 새긴 것이 그 기원이라 생각했다.

어느 지역에서는 동주(東周)시대의 초(楚)나라 묘장과 같이 시체 밑
에 붉은색의 기하학적 무늬가 새겨진 판자가 자주 발견되는데 이것은
몸을 찌르고 물들이는 문신 풍습의 유물일 수 있다. 심지어 근대에도

이렇게 칠을 한 널빤지를 깔아 두는 관습이 계속 남아있는 곳도 있다. 이는 죽음 의식을 통해 비로소 왜 주나라 사람인 태백과 중옹이 왜 머리카락을 자르고 문신으로 세상에 부재하다는 것을 알리려 했는지 해석할 수 있는 부분이다.

사람들은 고대 매장 풍습으로 인해 노인에 대한 측은한 마음이 들어 몽둥이로 노인들을 죽이는 것에서 산 채로 산야로 버려 새와 짐승의 먹이가 되게 하는 등 이후의 매장 풍습에도 변화가 생겼다. 그러한 풍습이 다시 변천하여 사후에 인적이 닿지 않는 곳에 시신을 보내게 되었고 그 후에는 관을 이용하여 시신을 매장하였으나 시신을 훼손하는 풍습은 계속 남아있었다. 시체에 문신하는 풍습과 백골을 다시 매장하는 옛 제도 또한 바뀌지 않았다. 비록 매장 풍습에 변화가 있었음에도 여전히 피를 흘리고 죽는 것이 옳은 죽음이라 생각해서 장례식에서는 아직도 붉은색의 물건이 피를 대신하고 있다.

1만8천 년 전의 산정동(山頂洞) 유적지에서는 유골 주변에 적철광이 뿌려진 붉은 가루가 발견 되었는데 이 유적지의 연대가 너무 이르기에 이 붉은 가루가 피를 상징하여 종교 의식으로까지 발전했는지는 단정하기 어렵다.

6천여 년 전의 앙소문화(仰韶文化)와 그 후의 묘장의 주사(朱砂)는 더욱 흔히 볼 수 있다. 상(商)나라 때 어느 정도 규모가 있는 사족(士族)의 무덤에는 붉은 색의 주사가 거의 있었는데 하위 계급층이나 노예들의 무덤에서는 이를 발견할 수 없었다. 이런 현상은 중국 신석기 이후의 묘장 뿐만 아니라 외국의 묘장에서도 나타나는데 이는 세계적으로 공통된 현상이라 할 수 있다. 이를 통해 붉은색을 대표하는 피는 새 생명을 부여한다는 합리적인 해석을 낳게 되었다.

수피와 점주의 장례 풍습은 직계 가족을 직접 죽이는 상고의 풍습을 반영한 것이다. 일부 지역의 점주 의식은 상주의 혈점을 백골에 닿게 하여 피를 몸 밖으로 흘려 영혼을 방출한다는 통념으로 표현하기도 했다. 광동성 연남(連南)의 요족(瑤族)의 세골장(洗骨葬)은 닭의 피나 아들의 손가락 피를 두개골에 떨어뜨리는데 이것은 머리를 때리는 상징적인 의미도 있다. 피는 액체 상태로 일명 '수피(水皮)'라고 칭했다.

　　죽음의 본래 의미는 죽음이 종식되고 새로운 삶에 이르러 다시 사회로 돌아간다는 것이다. 그러나 문명이 발전하면서 더 이상 노인을 죽이는 일은 없어졌다. 이후 한(漢)나라에 이르러서는 옥(玉)상자나 흰색 점토로 시체를 감싸고 숯으로 관을 밀봉해 시체가 오랫동안 썩지 않게 하는 등 죽음에 관한 선인들의 옛 풍습과는 점점 멀어졌다.

▌장사(長沙)에서 출토된 전국(戰國) 초묘(楚墓)에서 시체를 보관하던
　옷칠조각투화(漆雕透花) 목판이다.

제 7부

제사와 귀신

인류는 불을 사용한 음식 조리 방법을 터득하면서 음식을 쉽게 소화 시켰고 그로 인해 두뇌 발달이 촉진되면서 점차 사고력이 향상되었다. 그로 인해 도구를 만들어 사용하게 되었고 생활이 편리해지자 조금씩 신앙에 대한 인식도 생기게 되었다.

귀신의 개념은 인류 사회가 제2단계에 이르면서 계급의 상하 관계가 생긴 후 인류보다 한 단계 높은 신이 존재한다는 것이다. 신은 사람들이 만들어 낸 것으로 만약 인류 사회에 계급이 존재하지 않았다면 신역시 사람보다 높은 단계의 존재임을 알지 못했을 것이다. 근래 필리핀 정글에서 석기시대 생활수준의 부족이 발견되었는데 그곳에서는 신의 존재에 대한 관념이 없었다.

신의 신앙에는 적어도 네 가지 요소가 포함되어 있다. 첫째, 신은 이해할 수 없는 존재이다. 자연 현상에는 우리가 이해하지 못하는 것이 많은데 간혹 귀신에 홀린 것 같다고 느낄 때가 있기 때문이다. 둘째, 신은 통제가 불가능한 존재이다. 신과 자연은 서로 개연성이 있다고 보는데 자연의 위력은 매우 크고 사람의 힘으로는 통제할 수 없어 두려움을 느끼기도 한다. 셋째, 신에 대한 존재를 믿을 뿐 아니라 그러한 증거도 있다. 봄, 여름, 가을, 겨울의 사계절이 돌면서 인생은 영욕과 병의 기복이 있는데 이것은 모두 먼 하늘에서 신이 통제한다고 느끼기 때문이다. 넷째, 신과의 소통이 가능하다. 사람들은 가끔 경건하게 기도를 하는데 소원이 이루어지면 신과 소통됐다고 생각하여 그 믿음이 더욱 커진다.

이처럼 신의 존재가 사람들의 생활에 영향을 준다고 생각하는 이상 신과 관련된 의미를 글자로 표현해야 했다.

056 **보일 시**

shì

신은 눈에 보이지 않기에 제사를 지낼 때나 기도할 때 그것을 표현해야 할 대상이 반드시 필요했다. 그래서 그와 관련된 일은 시(示)자 혹은 시(示)와 다른 편방의 조합으로 신과 관련된 부호를 나타냈는데 이 부호는 반드시 어떤 실물의 형상이 있어야 했다.

갑골문의 시(示)자❶는 최초 자형으로 짧은 획의 단선 위쪽에 다른 선을 그은 것이다. 이후에는 단선 위의 선이 더 짧게 그려졌으며 마지막에는 직선 양쪽에 각각 작은 직선 혹은 사선을 더해서 선반을 지탱하는 형상으로 변했다. 이는 아마도 제사 물건을 놓아두는 평면 틀의 모양인 것 같다.

『설문해자』에서 시(示)자에 대해 이렇게 해석하고 있다.

"시(示)는 하늘에 상을 드리워 길흉을 나타낸다. 그래서 남에게 보인다는 뜻이다. 상(二(上))으로 구성되었다. 세 개의 세로획은 각각 해와 달, 별이다. 천문을 관찰하여 계절의 변화를 살피는 것이다. 시(示)는 신(神)의 일이다. 시(示)부수에 속하는 글자들은 모두 시(示)가 의미부이다. 示는 시(示)의 고문체이다."("示, 天垂象, 見吉凶, 所以示人也. 从二. 三垂, 日, 月, 星也. 觀乎天文以察時變. 示, 神事也. 凡示之屬皆从示. 示, 古文示.")

하늘의 해와 달, 별의 형상을 통해 길흉을 예측한 것으로 풀이된다.

그러나 갑골문의 자형을 살펴보면 알 수 있듯이 수평선 아래에는 원래 하나의 직선일 뿐 해와 달, 별의 세 가지 천체 형상을 표현한 것은 아니다. 그래서 시(示)자는 신과 관련된 도구이거나 높고 평탄한 신단(神壇)인데 이것은 사람들이 상상하는 신이 사는 곳을 의미한다.

057
마루 종

zōng

갑골문의 종(宗)자❶는 제단을 놓아두는 건축물의 형상이다. 금문의 종(宗)자는 상(商)나라 후기의 자형을 그대로 이어받아 형태가 변하지 않았다❷. 『설문해자』에서 이를 이렇게 해석하고 있다.

"종(宗)은 선조의 위패를 높은 곳으로 모시는 것을 뜻한다. 면(宀)으로 구성되었고 또 시(示)로 구성되었다."(" 宗, 尊祖廟也. 从宀从示.")

종(宗)의 의미는 존경하는 선조들을 모셔놓은 곳이다. 종(宗)자는 성씨가 같은 사람들끼리 부르던 호칭으로 이들은 서로 같은 조상의 후손이기에 제사도 같이 지냈다. 반면 옛사람들은 다른 민족의 조상에게는 제사를 지내지 않았다. 그래서 종(宗)자의 의미는 자신의 조상에게 제사를 지내던 종묘이지 다른 성씨의 조상을 모시거나 자연신을 숭배하던 곳이 아니었다.

❶

❷

상나라 선조들의 호(號)에서 보이는 '시(示)'는 비교적 이후에 사용된 부호이다. 갑골문에 반영된 상(商)나라 최초 4대 시조의 호(號)는 상갑(上甲), 보을(報乙), 보병(報丙), 보정(報丁)으로 그 자형은 감실(龕室) 안에서 직시하거나❸ 곁눈질(☽, ⟩)을 하고 있는 형태이다. 상나라를 연 군주 상탕(商湯)의 조부와 부친은 각각 시임(示壬)과 시계(示癸)로 구분했는데 원래는 상자에서 신이 거주한다고 믿어 그것을 모시다가 이후에는 열린 공간의 신단으로 변경되었다.

❸

058 　임금 제

dì

갑골복사에서는 묻는 제사의 대상을 통해 알 수 있듯이 상(商)나라 사람들은 자연의 비바람과 구름, 산천의 돌과 나무, 동물과 죽은 사람들 모두에게 영혼이 있다고 믿었다. 그러나 상나라 사람들은 조상신과 자연신에 대한 태도가 달랐다.

구파인 상나라의 무정(武丁)은 조상신과 자연신에게 많은 제사를 지냈으나 신파였던 후기 상왕(商王)인 제을(帝乙)과 제신(帝辛)은 자연계의 신에게는 거의 제사를 지내지 않았다. 그럼 시(示)자가 죽은 조상들의 영(靈)을 모시는 곳이었다면 자연계의 신들에 대해 표현하는 그 무언가도 있었을까?

갑골복사에서는 자연계의 신들 중에서 '제(帝)'와 '상제(上帝)'를 가장 높은 존재로 여겼다. 군주(帝)는 조정을 다스렸는데 조정에서는 신을 담당하며 모시던 관리들이 있었다. 그래서 갑골문의 제(帝)자❶는 사용 횟수가 많았고 자형 역시 다양하다. 금문의 자형❷은 상세한 분석을 통해 그 변화의 주요 맥락을 다음과 같이 설명하고 있다. 먼저 이 모양(釆)에서 이후에 원이 사각형의 테두리(釆)로 변했고 그 사각 테두리에 공(工)(釆)을 수평으로 놓았으며 제일 상단에 짧은 수평선(釆)을 추가한 다음 세 획이 서로 교차하며 상하 두 단위로 나눠져(釆), 마침내 소전의 자형(帝)이 되었다.

예로부터 제(帝)자 자형에 대해 꽃이 줄기와 꼭지를 연결하는 형상이거나 나무틀에 여성의 외음부가 놓여있는 숭배물이라 해석하고 있다. 꽃은 나무가 번식하는 근원이고 여자는 인류 번식의 모체로 번식은 생명을 연장하는 근본적인 방법이었다. 그래서 꽃과 여자는 모두 고대 사람들에게 중요한 경배의 대상이었고 이런 신앙의 토템을 통해 제(帝)자는 지상의 하느님은 물론 인간 사회의 최고 존재인 황제를 지칭하게 되었다.

그리고 갑골문의 제(帝)자를 허수아비와 같은 인형이라 생각하기도 했는데 문자학의 관점에서 이 견해는 비교적 타당하다. 제(帝)자 자형의 변천과정을 살펴보면 글자 가운데 부분이 동그라미에서 직사각형으로, 다시 공(工)과 일(一)자의 형태로 변한다. 그리고 동그라미 부분은 때때로 두 포물선이 교차하여 무엇을 묶는 모습이다. 특히 갑골문의 다른 글자에서 허수아비 같은 어떤 인형이 화살에 맞아 죽은 모습(🏹)이 보이는데 이 역시 포물선이 교차하여 무엇을 묶는 모습과 비슷하다. 꽃은 활로 쏴서 죽일 필요가 없지만 큰 인형이나 서 있는 조각상은 어떤 이유로 화살에 맞아 죽을 수도 있기 때문이다.

그리고 신의 형상으로 만들어져 숭배의 대상이 된 고고학적 발굴도 있다. 사천성 광한(廣漢) 삼성(三省) 유적지에서 상나라 때 제사 의식이 행해진 갱(坑)이 발견됐는데 거기에 396센티미터의 청동으로 만든 신수(神樹)와 260.8센티미터 높이의 사람 모양으로 된 청동 동상이 발견되었다. 이는 당시 숭배 대상이던 신의 형상을 나타낸 것으로 존엄한 하느님의 의미를 이런 형상을 통해 표현했을 가능성이 크다. 사천성 광한 삼성 유적지에서 출토된 금박 가면은(184쪽) 풀로 엮은 인형에 가면을 씌운 것인데 이는 다른 신으로 보이기 위해서이다.

『설문해자』에서 제(帝)자에 대해 이렇게 해석하고 있다.

"제(帝)는 살피다는 뜻이다. 천하의 왕의 호칭이다. 상(上)이 의미부이고 자(朿)가 소리부이다. 帝는 제(帝)의 고문체이다. 고문은 모두 상(丄)자로 일(一)로 구성되었고 전문은 모두 상(二)으로 구성되었다. 상(二)은 상(上)의 고문이다. 시(示), 진(辰), 용(龍), 동(童)음은 모두 고문 상(上)으로 구성되었다."("帝, 諦也. 王天下之號. 从上, 朿聲. 帝, 古文帝. 古文諸丄字皆从一, 篆文皆从二. 二, 古文上字. 示辰龍童音皆从古文上.")

『설문해자』에서는 제(帝)자에 대해 상(上)이 의미부이고 자(朿)가 소리부로 분석하였는데 이는 갑골문의 구조와 완전히 일치하지 않는다.

상나라 때 제(帝)자는 원래 지엄한 하느님을 뜻하는 고유 명칭이었는데 상나라 후기에 제을, 제신처럼 죽은 왕의 명호(名號)에 제(帝)자를 사용했다. 그리고 전국시대의 통치자들은 본인 스스로를 황제라 칭하였는데 특히 중국을 통일시킨 진시황은 자신이 이전의 왕들보다 더 뛰어나다고 여기며 직접 황제(皇帝)라 부르면서 본격적으로 제(帝)자를 사용하기 시작했다. 또한 그 이후의 왕들도 모두 이 명칭을 따랐다.

▌청동 입상, 전체
높이 262센티미터,
인물상 높이
172센티미터, 상(商)대
말기, 기원전
1300-기원전 1100년,
사천성 광한(廣漢)
삼성퇴(三星堆) 2호
갱(坑) 출토.

▌금면조동질평정인두상(金面罩銅質平頂人頭像), 높이 42.5센티미터, 사천성
광한(廣漢) 삼성퇴(三星堆) 2호 갱(坑) 출토, 상(商)대 말기, 기원전
1300-기원전 1100년.

059

귀신 귀

guǐ

원시 종교는 자연계에 대한 사람들의 두려움과 경이로움, 열망과 실망 등 여러 가지 마음에서 비롯되어 심리적 위안과 기탁을 얻길 원했다.

그래서 어떤 똑똑한 사람들은 이런 정세(情勢)를 이용해 사람들을 바른 곳으로 인도하거나 통제를 시켜 자신을 이롭게 하려 했다. 그들은 신이 기거하는 곳에 숭배물을 만들거나 자신을 신처럼 분장하고 행동하면서 신의 대리인 역할을 하려 했다.

갑골문 귀(鬼)자❶의 초기 자형은 무릎을 꿇은 사람 머리 위에 전(田)자 형태의 물건을 얹은 형상이다. 이 글자의 사용 의도를 추측해보면 귀(鬼)자의 탄생 의미는 당연히 사람의 머리 위에 가면을 쓰고 귀신처럼 분장하는 행위를 표현하는 것이어야 한다.

갑골복사에서는 서 있는 귀(鬼)자를 귀방(鬼方)의 국명으로 삼았는데 『주례·규(睽)』에서 이렇게 설명하고 있다.

> "수레에 귀신이 가득 실려 있는 것을 보는 것이니 먼저 활줄을 당기다가 뒤에는 활줄을 풀어놓는다."("載鬼一車, 先張之弧, 後說之弧.")

여기서 귀(鬼)자는 귀방의 사람이다. 처음에는 침입을 하러 온 줄 알고 활을 당겨 대응했다가 이후에 혼담을 위해 온 것이라는 것을 알고 다시 활을 내려놓았다는 내용이다.

무릎을 꿇고 있는 귀(鬼)자가 바로 귀신의 의미이다. 고문자에서는 하나의 자형에서만 사람이 서 있는 형상이고 대부분은 무릎을 꿇고 앉아 있는 사람의 형상이다. 아마도 이후에 귀(鬼)자의 다른 의미와 구별하기 위해 무릎을 꿇고 있는 귀(鬼)자에 시(示)의 부호를 추가하여(🜹) 귀신으로서의 의미를 분명히 나타내려 했던 것 같다.

　　상(商)나라 때는 신(神)자를 볼 수 없었는데 이유인 즉, 귀(鬼)자가 신령하다는 의미를 겸하고 있었기 때문이다. 이후에 이런 의미들을 서로 구별하기 위해 사람들에게 긍정적인 영향을 주는 것은 신(神)이고 부정적이고 해를 입히는 것은 귀(鬼)라 하였다.

　　금문의 귀(鬼)자❷는 서 있는 모양과 무릎을 꿇고 앉아 있는 모양의 두 가지 자형이 있다. 그 중 어떤 한 자형은 몽둥이로 무엇인가를 때리며 서 있는 모양(🜹)인데 이는 상(商)나라 때의 탄생 의미와 같고 귀방 사람들을 때린다는 뜻이다.

『설문해자』에서 이렇게 해설하고 있다.

　　"귀()는 사람이 죽은 후에 다시 돌아온 상태가 귀(鬼)라고 한다. 인
(儿)으로 구성되었다. 불(由)은 귀신의 머리를 상형한 것이다. 사(厶)로
구성되었다. 귀신의 음기가 해롭다는 것으로 사(厶(私))로 구성되었다.
귀(鬼)부수에 속하는 글자들은 모두 귀(鬼)가 의미부다. 는 고문체로
시(示)로 구성되었다."("　, 人所歸爲鬼. 从儿. 由, 象鬼頭也. 从厶. 鬼
陰气氣賊害, 故从厶. 凡鬼之屬皆从鬼. 　, 古文从示.)

　　『설문해자』에서 귀(鬼)자는 서 있는 모습의 자형만 남아 있다. 귀(鬼)
자 속 사(厶)의 자형은 전국(戰國)시대의 풍조일 가능성이 높은데 서 있
는 사람 등에 작은 반원의 장식 부호를 추가한 것이다. 이 장식 부호를
몸에서 제거하면 사(厶)형이 되는데 소위 말하는 귀신의 음산한 기운과
는 무관하다. 왜냐하면 상(商)나라 때 귀(鬼)자는 신령하다는 궁극적 의
미와 겸해서 사용했기 때문이다.

060

도깨비 매

魅

mèi

귀신은 인간의 상상에서 나온 것으로 귀신의 행동과 능력은 사람들의 경험과 이미지에서 크게 벗어날 수 없다. 사람은 일정한 나이가 되어야만 어떤 행동을 할 수 있듯이 귀신 역시 능력에 차이가 있다.

갑골문의 매(魅)자(𩬅, 𩬆)는 무릎을 꿇은 귀신 몸에 반짝이는 인광(燐光: 푸른 빛)을 띠고 있는 모양이다. 사람의 뼈는 인(燐)을 함유하고 있는데 인은 밤에 푸른빛을 발산할 수 있는 광물이다. 사람은 죽어서 땅에 묻히고 몇 년 후 시체가 썩어 백골이 되면 인이 서서히 뼈에서 빠져나와 공기 중에 떠다닌다. 인은 밤에 푸른빛을 띠는데 속칭 이것을 도깨비불이라고 한다. 이것은 죽은 후 여러 해가 지난 사체에서만 보이는 현상인데 인광을 발산하는 것은 오래된 귀신만이 할 수 있는 것이고 이러한 노귀는 신귀보다 더 마력이 강하다고 여겼다.

이에 대해 『설문해자』에서 이렇게 해석하고 있다.

"매(𩴽)는 오래된 물건이 둔갑한 도깨비를 뜻한다. 귀(鬼)와 삼(彡)으로 구성되었다. 삼(彡)은 귀신의 털이다. 𩴧는 혹체로 미(未)로 구성되었다. 𩴫는 주문체이다. 시(豕)의 머리 부분을 따오고 미(尾)의 생략된 부분이 소리부이다."("𩴽, 老物精也. 从鬼, 彡. 彡, 鬼毛 𩴧, 或从未. 𩴫, 籒文. 从豕首, 从尾省聲.")

오래된 물건에는 흔히 혼이 깃들어 있다고 생각하기 때문에 『설문해자』에서 삼(彡)을 귀모(鬼毛)라고 해석하는 것은 옳지 않다. 삼(彡)은 몸에 있는 인광을 뜻하며 늘어난 획의 모양이다.

갑골문의 매(魅)자는 측면의 형상이며 인광이 몸 앞에서 위치한다. 그러나 주문의 자형은 바로 정면의 형상이므로 인광은 몸 양쪽에 위치한다. 음독의 편의를 위해 이후 소리부로 彡(삼)의 부분을 대체하지 않았다.

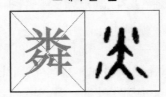

061 도깨비 불 린

lín

갑골문의 린(粦)자(☩, ☩)는 정면으로 서 있는 사람의 온 몸이 인광(燐光)으로 뒤덮여 있는 형상이다.

　　　　　　이것은 무당이 몸에 인(燐)을 발랐거나 인을 바른 옷을 입고 법술을 하는 모습을 표현한 것이다. 무덤에 있는 인광은 공기 중에 떠다니고 무당도 대부분 뛰는 동작을 하고 있어 이것을 모방하여 이후에 두 발에 발자국을 추가하였다. 금문의 자형(☩, ☩)에도 모두 발자국의 형상이 있다.

　　이에 대해 『설문해자』에서는 이렇게 해석하고 있다.

　　　　"린(粦)은 병사의 칼에 의해 살해된 사람과 소, 말의 피가 린(粦)이다. 린(粦)은 도깨비불을 뜻한다. 염(炎)과 천(舛)으로 구성되었다."("粦, 兵死及牛馬之血爲粦. 粦, 鬼火也. 从炎舛.")

　　인을 귀신불이라고 해석하는 것이 맞지 병사의 칼에 의해 살해된 사람이나 우마(牛馬)의 피라고 보는 것은 옳지 않다. 왜냐하면 물리 지식적으로 인은 핏속이 아닌 뼈에 존재하기 때문이다. 고대 무당은 인광의 비밀을 알고 있었기 때문에 이 비밀을 이용하여 귀신으로 분장해서 사람들을 겁주었던 것이다.

062

옷에 구멍 날 형

ying

갑골문의 형(褮)자❶는 옷에 여러 개의 점이 있고 위쪽에는 두 개의 화(火)자가 있는 형상이다. 이것은 옷에 인(粦)을 발랐기 때문에 빛을 방출할 수 있다는 것을 의미한다.

인은 고체 상태의 광물로 그것을 갈아서 가루로 만들어 물에 섞으면 물건에 고착시킬 수 있었다. 또한 인을 몸에 바르면 씻어야 되고 재료를 낭비하게 되지만 옷에 바르면 오랫동안 쓸 수 있었다.

금문에도 이 자형(褮)이 있다. 그 중 어떤 글자는 사람이 두 손으로 무엇인가를 받쳐 드는 모습(褮, 褮)인데 아마도 그것을 소중히 여기고 있음을 표현한 듯하다. 이에 대해 『설문해자』에서는 이렇게 해석하고 있다.

"형(褮)은 귀신의 옷을 뜻한다. 의(衣)가 의미부이고 형(褮)의 생략형이 소리부이다. 음독은 『시경』에서 말하는 '갈류영지(葛藟縈之: 칡과 등나무 덩굴 휘감겼네.)'의 '영(縈)'자처럼 읽는다. 달리 '정녀기주지주(靜女其袾之袾: 얌전한 아가씨가 그렇게 아름답다.)'의 '정(靜)'자처럼 읽는다."("褮, 鬼衣也. 从衣, 褮省聲. 讀若詩曰: 葛藟縈之. 一曰若靜女其袾之袾.")

❶

제7부 제사와 귀신 **191**

귀의(鬼衣)의 의미는 귀신으로 분장할 때 입는 옷이지만 귀신의 단계에 이르렀을 때 나오는 인광(燐光)으로 만든 옷을 표현하기도 했다. 이것으로 보아 죽은 지 얼마 되지 않은 사람은 아직 완벽한 귀신으로 될 수 없었던 것 같다.

063

순임금 순

Shùn

순(舜)자에 대해 『설문해자』에서 이렇게 해석하고 있다.

"순(舜)은 순초(舜艸)라는 뜻이다. 초나라에서는 복(葍)이라 부르고 진나라에서는 경(蔓)이라 한다. 땅으로부터 뻗은 덩굴에 꽃이 연이어 핀다. 상형자이다. 천(舛)으로 구성되었고 천(舛)은 또한 소리부이다. 천(舜)부수에 속하는 글자들은 모두 천(舜)이 의미부이다. 𦰌은 순(舜)의 고문체이다."("舜, 舜艸也. 楚謂之葍, 秦謂之蔓. 蔓地生而連華. 象形. 从舛, 舛亦聲. 凡舜之屬皆从舜. 𦰌, 古文舜.")

소전의 순(舜)자가 만약 인(舜)자의 변천 과정으로 본다면 테두리 안에는 인광(燐光)을 발하게 하는 인물이 있어야 한다. 앞에서 언급했던 것처럼 상왕(商王)이 제사를 지낸 최초 4대의 선조들은 모두 상갑(上甲)부터 보정(報丁)인데 그들의 이름은 각각 '갑', '을', '병', '정' 으로 모두 하나의 틀에서 나온 것이었다. 그래서 순(舜)자는 소위 제사의 대상을 표현한 것으로 몸에 인을 바른 우상(임금)을 감실에 넣은 것을 의미한다.

제순(帝舜)은 하조(夏朝)가 건국되기 전 신화 속의 마지막 군주로서 무당의 신분이기도 했다. 그래서 무당의 형상을 따 그를 명명하기도 했다. 이후에는 생명력이 짧은 식물의 이름으로 명명했는데 이 식물은 잠깐 빛을 번쩍이는 인광처럼 그 시간이 오래 지속되지 못함을 의미했다.

『설문해자』에서는 천(舛)자가 나중에 춤을 강조하기 위해 추가된 형상인지는 알지 못했고 단지 의미를 구별하기 위한 부류인 줄 알았다. 그렇다면 순초가 어떻게 두 발로 춤을 추는 천(舛)자와 관련이 있었을까? 인은 어두운 곳에 있을 때 빛을 내고 그 효과가 가장 좋기 때문에 어두운 상자 속에 보관하는 것이 가장 좋았다.

064　　**두려워할 외**

畏　[畏(전서)]

wèi

갑골문의 외(畏)자❶는 귀신이 몽둥이를 들고 서 있는 형상이다. 몽둥이의 끝이 갈라져 있는 이유는 사람을 다치게 할 정도의 딱딱한 물건이라는 것을 의미한다.

가진 것이 아무것도 없는 귀신이라도 사람을 두렵게 하는 마력을 가지고 있는데 만약 귀신이 무기를 쥐고 있다면 그 위력은 더욱 강해져 사람들이 더욱 무서움을 느낄 수 있기 때문에 '두려워하다'는 의미를 가진다.

갑골문에서 서 있는 귀신이 귀방(鬼方)의 자형인데 방(方)이라 명명된 것은 대부분 적국(敵國) 혹은 비우호 국가의 사람 손에 무기를 들고 있는 형상이다. 이는 그들을 경계하고 혹시 모를 공격에 대비하며 조심해야 한다는 뜻이다. 혹은 귀신이 다른 사람을 공격하기 위해 일어서 있는 표현일 수도 있다.

❶

다를 이

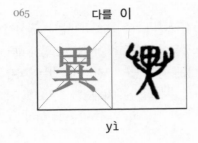

yì

갑골문의 이(異)자❶는 서 있는 사람이 얼굴에 가면을 쓰고 양손을 치켜들며 무언가를 행동하는 형상이다. 문명이 발달하지 못했던 민족의 가면은 그 형상이 보통 사람과 달리 매우 무섭고 기이한 경우가 많아서 이를 빌려 '기이하다'는 의미를 나타냈다.

고대 주술사들은 분장을 괴이하게 했을 뿐만 아니라 행동 역시 특이해야 신이 몸에 영접할 수 있다고 믿었다. 그래서 많은 무당들은 정서적으로 불안하고 실성하거나 비정상적인 사람들이 많았다. 『주례·하관(夏官)』에서는 곰 가죽을 입고 황금 주조를 머리에 쓰며 네 개의 눈이 달린 가면을 쓰고 역귀를 쫓는 방상시(方相氏) 직무를 설명하는데(방상시는 궁에서 특별히 설치한 전염병 귀신을 쫓는 관직이다.) 일명 4명의 광부(狂夫)가 그 역할을 담당했다.

정상적인 사람들도 그런 비정상적인 행동을 가끔 시도했는데 예를 들면 약물로 최면을 걸어 자신을 환각 상태에 빠지게 해서 온몸을 떨도록 했다. 또 낮은 소리를 내며 거품을 토하고 전신이 마비가 되어 고통을 느낄 수 없는 등 일반 사람들은 견디기 힘든 고통과 감히 하지 못하는 위험한 동작들을 많이 행했다. 가령 사람들은 독으로 사람을 죽게 만드는 독사를 두려워했는데 당시 무당들은 오히려 뱀의 특별한 능력을 배우려고 했다. 그래서 출토된 동기와 칠기에는 무당이 뱀을 물고 있거나 손에 뱀을 들고 있는 그림이 있다.

무당이 사용한 여러 가지 방법은 사람들로 하여금 그들이 신의 대리인으로 바람과 비를 불러와 사악한 병을 치료하는 신력이 있다고 믿게 하였다. 그들의 주술은 비록 속임수이긴 하지만 직접 약물을 사용한 경험으로 약물과 병의 증상에 대한 관계를 발견했고 대를 이어 그것을 전수한 결과 원시(原始) 의학을 정립할 수 있었는데 중국 초기의 전설적인 명의 역시 모두 무당이었다.

초백서(楚帛書)(호북성 장사(長沙) 옛 무덤에서 출토된 백서, 년대는 약 전국시대 초나라 쯤)에 나오는 귀신은 모두 이두(二頭), 삼각(三脚) 등의 괴이한 모습인데 이는 귀신의 기형적인 형상에서 유래된 것이다. 이런 이상한 이미지를 과장되게 표현하여 정상인과 매우 다른 이미지를 가지게 하였고 이로써 '괴이하다'는 의미를 표현하였다. 가면을 쓴 마아(馬雅) 무당의 형상에서 가면의 긴 코의 형상은 무당의 일반적인 얼굴과 매우 달랐다.(왼쪽 사진 참조) 그래서 고대인들은 귀신으로 보이기 위한 가면으로써 '이상함'과 '경이로움' 등의 의미를 표현했다.

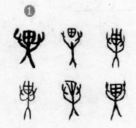

▌가면을 쓴 마야(馬雅) 무당.

066

흉악할 흉

xiōng

갑골문의 흉(兇)자(,)는 서 있는 사람의 머리에 특이한 모양의 물건을 쓰고 혀를 내밀고 있는 모습이다.

머리에 있는 것은 마치 귀신의 가면과 비슷하게 흉악한 귀신 분장을 하고 있는 것처럼 보여서 사람들에게 더욱 무서움을 느끼게 했는데 여기에서 '흉악하다'는 의미가 내포되어 있다. 흉악하거나 선량한 것은 모두 사람들의 주관적인 생각이자 추상적인 의미이기 때문에 생활 속에서 느끼는 흉악한 광경을 빌려 표현한 것이다.

『설문해자』에서 이렇게 해석하고 있다.

"흉( )은 걱정 근심하다는 뜻이다. 흉(凶)자 아래에 인(儿)이 있는 형상이다. 『춘추전(春秋傳)』에 이르기를 조(曹)나라 사람들이 두려워하는 것이라고 하였다."(" , 擾恐也. 从儿在凶下. 春秋傳曰: 曹人兇懼.")

『설문해자』에서 흉(兇)자는 흉(凶) 아래에 사람이 위치한 회의자로 분석하였다. 흉(凶)자를 소리부로 여기지 않은 것은 아주 정확한 분석으로 여기서 흉(凶)자는 분명히 머리 위의 분장을 의미한다. 흉(兇)자는 머리에 가면을 쓰고 혀를 길게 빼고 있는 모습을 보여주고 있는데 좌측의 초백서(楚帛書) 상단의 두 번째 신의 형상을 참고하면 된다. 이것은 두 개의 혀를 내미는 악귀의 모습인데 아주 무서워 보인다.

▎전국(戰國)시대 장사(長沙) 초백서(楚帛書)에 그려진 신과 요괴 그림

067

제사 제

jì

신은 사람들의 상상으로 만들어 낸 존재이므로 신의 선호도 역시 사람들이 생각하는 취향과 기호에서 별반 다를 바 없었다.

　　　　같은 신이라도 그 능력에는 차이가 있겠지만 대부분 사람들에게 재앙을 주었다. 그러나 신도 인간과 마찬가지로 간절히 사정하면 그것을 들어주고 싶어 하므로 그를 위한 제사를 지내는 행위가 생기게 되었다. 그래서 제사를 지낼 때 어떤 신이 재난을 내리고 복을 주는지 또 어떤 물건을 받쳐야 신의 기쁨을 얻을 수 있는지를 아는 것이 제사를 지낼 때 가장 좋은 효과를 얻을 수 있었다. 제사는 일종의 전문적인 분야였는데 제2권 「전쟁과 형벌」에서 소개하는 무(巫)와 축(祝) 두 글자를 참고하길 바란다.

　　갑골문의 제(祭)자(𥙿)는 피가 뚝뚝 떨어지는 살덩이를 들고 있는 형상이다. 사람들은 덜 익은 음식을 먹지 않는데 귀신에게 제사를 지낼 때는 덜 익은 고기를 사용했다. 그래서 귀신에게 제사를 지내는 행위들로서 '제사'의 의미를 표현했다.

화톳불 료

liǎo

상(商)나라의 수많은 제사 명칭 중에 료(燎)자는 지금도 흔히 볼 수 있는 글자이다.

갑골문의 료(燎)자❶는 비교적 초기 구파의 서법으로 세로로 세운 나무가 불에 타고 있는 모습이다(米). 이 자형에서는 불에 타오르는 형상을 쉽게 알아볼 수 없는데 다음 세대의 신파에서 자형 아래에 화(火)의 부호가 더해졌다(米). 그리고 다음 세대에서 구파의 불에 타고 있는 나무의 형상을 복원했고 화염은 전보다 더 많아졌다(米). 가장 후기의 신파에서 신파의 자형(米)을 다시 복원하였고 금문의 자형은 전기 자형(米)을 계승했다.

❶
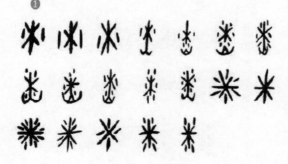

『설문해자』에서 료(燎)자에 대해 이렇게 해석하고 있다.

"료(燎)는 섶에 불을 놓고 하늘에 제사를 지낸다는 뜻이다. 화(火)와
신(昚)으로 구성되었다. 신(昚)은 신(愼)의 고문체이다. 하늘에 제사를
지낼 때는 근신해야하기 때문에 신(昚)을 따랐다."("燎, 柴祭天也. 从
火, 昚. 昚, 古文愼字. 祭天所以愼也.")

소전에서는 상부의 화염과 하부의 화염 속에서 일(日)형으로 변했다. 그
이유를 따져보니 요제(燎祭)는 원래 교외의 넓은 곳에서 열리는 불을 이용
한 제사였다. 이후 건축기술이 발전하면서 실내에서도 제사를 지낼 수 있었
고 이때 궁(宮)자의 자형(宮, 呂)과 료(燎)자가 합쳐진 새로운 료(寮)자가
생겨났다. 이것(呂)은 결국 서로 겹쳐서 일(日)의 자형이 되었고 료(燎)자의
중간에 끼여 료(寮)의 소전 자형(燎)이 된 것이다. 그리고 예서로 변한 후
아래의 불 모양이 작은 필획으로 변하였기 때문에 또 하나의 화(火)를 더해
료(燎)자가 되었고 그 의미 역시 보편적인 불을 상징하게 되었다.

요제는 나무에 불을 지피는 제사 의식이면서 일종의 제수 용품이기
도 했다. 그리고 불 위에 소와 양, 돼지 등의 가축을 구워 그 냄새를 신
이 맡게 했고 이와 동시에 받친 제물을 즐기게 했다.

069

묻을 매

mái

갑골복사에서 료(燎)자는 흔히 볼 수 있었던 제사 방법으로 요제(燎祭)에만 국한된 것이 아니었다. 제사 방법에 자주 쓰이던 방법에는 두 가지가 더 있었다.

그 중 갑골문의 매(埋)자❶는 소나 양, 개가 구덩이에 파묻혀 있는 모습이다. 소와 양은 상(商)나라 때 신에게 제사를 지낼 때 받치는 가장 중요한 제물로 특별한 이유가 없다면 사람들은 이 귀중한 재산을 구덩이에 묻어 낭비할 필요가 없었을 것이다. 후대의 풍습에 비추어볼 때 이 글자는 아마도 제물을 땅속에 묻어서 신에게 받치는 것을 의미했던 것 같다. 그리고 시간이 지난 후 구덩이를 다시 파내어 제물이 신에게 잡혀 먹었는지 확인을 했는데 이것으로 보아 이 글자는 후대의 매(埋)자와 같은 것임을 알 수 있다.

『설문해자』에서 이렇게 해석하고 있다.

"매(薶)는 묻다는 뜻이다. 초(艸)가 의미부이고 매(貍)는 소리부이다."("薶, 瘞也. 从艸, 貍聲.")

❶

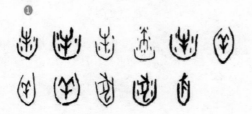

갑골문의 매(埋)자 자형은 소전의 자형으로 처리하는 것이 쉽지 않았기 때문에 소전의 자형에서는 초(草)가 의미부이고 매(貍)가 소리부인 형성자로 대체하였다. 매(貍)자는 원래 매수(貍獸)의 상형자(갑골문의 이 자형(图)은 후대의 매(霾)자로 우(雨)가 의미부이고 매(貍)가 소리부이다.)이고 이후 소리부인 리(里)가 더해지면서 획수가 너무 많아졌다. 그래서 토(土)가 의미부이고 리(里)가 소리부인 매(埋)자로 재탄생 한 것이다.

원래 이 글자는 제사의 방법을 나타내는 전용 글자로 흙속에 사물을 묻고 부식시켜 신들이 즐기게 했는데 나중에는 모든 매몰의 행위로 그 의미가 파생되었다.

070

가라앉을 침

沉

chén

제사에 자주 쓰이던 또 다른 방법이 침(沉)자❶로 소 한 마리가 강물에 있는 모습이다. 소는 사람들에게 가장 귀한 가축일 뿐만 아니라 용도도 매우 다양했다.

그래서 함부로 강에 버릴 수 없었는데 어떤 특별한 목적이 있어야 비로소 이런 귀한 재산을 물에 빠트릴 수 있었다. 이것 역시 제사를 지내는 방법 중 하나였다.

후대에는 사람을 물에 빠뜨리는 제사 방법도 있었기에 이 글자는 후대의 침(沈) 또는 침(沉)자와 같다고 판단하였다. 금문에서는 수(水)가 의미부이고 유(尤)가 소리부인 글자(洗, 㲱)가 있고 『설문해자』에서는 이렇게 해석하고 있다.

❶

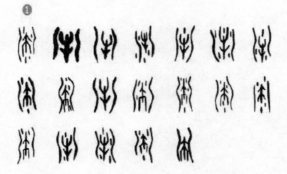

"침(濧)은 큰 언덕 위에 장마 물(언덕 위에 비가 쌓이고 물이 머무르는 것을 말한다.)을 뜻한다. 수(水)가 의미부이고 유(尤)는 소리부이다. 달리 탁담(濁黕: 치욕, 더러운 것)이라고 한다."(濧, 陵上滈水也. 从水, 尤聲. 一曰濁黕也.")

　이 침(沈)자가 침몰의 의미가 있다고 생각하지는 않는다. 왜냐하면 후대의 이 침(沉)자가 침몰을 의미하는 것인데『설문해자』에서는 이 글자가 누락되어 있다. 이것은 두 자형이 비슷하다 보니 한 글자로 합쳐서 수록했기 때문이다. 갑골문에서 이 침(沉)자는 오로지 소가 물에 빠지는 형상만 볼 수 있는데 이는 다른 희생양인 양, 돼지, 개 등의 가축이 구덩이에 파묻힌 형태의 매(埋)자와는 달랐다. 이를 통해 침(沉)자는 소를 전문적으로 다루는 제전(祭典)이라는 것을 알 수 있다.

071

피 혈

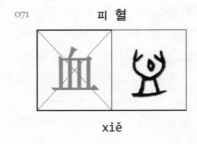

xiě

갑골문의 혈(血)자❶는 그릇에 담겨 있는 피의 형상이다. 피는 액체로 되어 있어 다른 액체 물건과 선형적으로 구별하기 어려워 피가 사용되는 용도를 바탕으로 그 의미를 표현하였다.

동물의 피는 사람들이 식용도 하고 상인들이 공양을 하는 제물 중 하나이기도 했다. 봉헌할 때는 피를 접시에 담아 사용했기에 이러한 형상을 차용해 혈(血)자를 만들었다. 금문의 혈(血)자는 글자의 편방에서만 볼 수 있는데❷, 덩어리로 굳어진 피를 간단하게 한 점 또는 한 줄의 짧은 가로획으로 표시하였다. 이에 대해 『설문해자』에서는 이렇게 해석하고 있다.

"혈(血)은 제사 때 쓰이는 희생의 피를 뜻한다. 명(皿)으로 구성되었다. 일(一)은 피의 모양을 상형하였다. 혈(血)부수에 속하는 글자들은 모두 혈(血)이 의미부이다."("血, 祭所薦牲血也. 从皿 一象血形. 凡血之屬皆从血.")

혈(血)은 제사를 지낼 때 바친 희생이라는 의미로 해석하는 것이 가장 정확하다.

❶   ❷

사실 제사에 바치는 피는 사람의 피도 포함되어 있었다. 제2권 『전쟁과 형벌』편에 소개된 주(彝)자()가 밧줄과 차꼬(着錮: 조선 시대 형구(刑具)의 하나. 일명 착고(著庫). 착고는 차꼬의 취음(取音)으로 기다란 두 개의 토막나무 틈에 가로 구멍을 파서 죄인의 양쪽 발목을 그 구멍에 넣고 자물쇠를 채우게 되었음.)와 수갑으로 죄인의 행동을 제한하고 피를 흘릴 때까지 채찍질하는 형상인데 그때 흘린 피는 그릇에 담고 죄인의 목숨은 제사의 제물로 바쳤다.

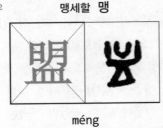

072 맹세할 맹

méng

그릇에 피를 담는 것은 최소 두 가지 의미가 있다. 하나는 새로 주조된 그릇에 희생의 피를 발라 제사를 지내는 것이고 다른 하나는 군사동맹을 맺을 때 각 집단이 서로의 피를 섞어 그릇에 담아 마시는 것인데 이것이 바로 맹(盟)자의 탄생 의미이다.

갑골문의 맹(盟)자❶는 이것(♈)이 최초의 자형으로 혈(血)자와 구별하기 위해 핏덩어리에 획을 그었고(♈), 그 결과 경(冏)(♈)자로 분류되었다.

금문❷에 와서 맹(盟)자의 탄생 의미를 쉽게 알 수 없게 되자 혈(血)이 의미부이고 명(明)이 소리부인 형성자로 바꿨다. 이에 대해 『설문해자』에서 맹(盟)에 대해 이렇게 해석하고 있다.

"『주례(周禮)』에서 이르길, 나라에 의심스러운 것이 생기면 제후들이 다시 회의에 참석하는데 12년마다 하는 의식이 맹(盟)이다. 북쪽을 향하여 하늘에 고하는 사신(司愼: 불경을 살피는 신)으로 사명(司命: 전설에 전하는 사람의 생사를 관장하는 신)이다. 맹(盟)은 목숨을 걸고 약속을 지킬 것을 다짐하는 희생제물의 피를 담은 그릇인 주반(朱盤)과 옥돈(玉敦)으로 맹주(盟主)를 세우는 것이다. 경(囧)이 의미부이고 명(皿)은 소리부이다. 𥁰은 주문체이고 명(明)으로 구성되었다. 𥂗은 고문체이고 명(明)으로 구성되었다."("𥁰, 周禮曰: 國有疑則. 諸侯再相與會, 十二歲一. 北面詔天之司愼, 司命. 盟, 殺牲歃血, 朱盤玉敦, 以立牛耳. 从囧, 皿聲. 𥁰, 篆文从明. 𥂗, 古文从明.")

맹(盟)자는 잘못된 자형을 그대로 이어 받았기 때문에 경(囧)이 의미부이고 명(皿)이 소리부(從囧皿聲)라는 자형의 설명을 합리적으로 해석할 방법이 없었다. 경(囧)자는 둥근 창문의 형상으로 잘 묘사했는데 만약에 맹(盟)자의 고대 자형이 경(囧)이 의미부이고 명(皿)을 소리부로 삼았다면 제후의 맹약과 창문이 도대체 어떤 연관성이 있는지 설명하기가 어렵다. 그리고 명(皿)자와 경(囧)자는 서로 다른 성운(聲韻)으로 형성자의 원칙에도 일치하지 않는다. 혈(血)이 의미부(혹은 명(皿)이 의미부)이고 경(囧)이 소리부로 분석해도 경(囧)자는 맹(盟)자의 성운(聲韻)과 일치하지 않는다. 이렇듯 만약 한 글자의 탄생 의미를 알고 싶다면 먼저 초기 자형을 비교 해봐야 하는데 허신(許愼)은 초기 자형을 보지 않았기에 글자의 탄생 의미를 정확하게 이해하지 못했던 것이다.

073

큰 산 악

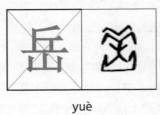

yuè

갑골복사에 의하면 상(商)나라 때 제사의 종류가 매우 많았다고 한다. 제사의 대상, 적용된 예절, 공봉(供奉: 벼슬이름)의 희생 등 그 내용도 매우 복잡했다.

당시에는 제사를 지내는 것에 매우 신중했는데 제사를 통해 최고의 효과를 얻기 위해서는 제사 과정에 대한 세부적인 사항을 모두 알아야 했다. 예를 들어 언제, 어디서 제사를 지내고 어떤 예의를 갖추며 또 몇 마리의 동물을 도살할지 아니면 땅에 도살할지 강에 수장할지 심지어 요리할 때 어떤 조리법을 사용할지 등의 아주 세부적인 부분까지 다 포함하고 있었다.

상나라 제사의 대상을 얘기하자면 하느님이 당시 가장 위대한 신이었다. 그는 비바람과 천둥 번개 그리고 맑고 흐린 날씨 및 화복과 재앙을 명령할 수 있었다. 그러나 상왕(商王)이 직접 제사를 지내지는 않았고 제사를 관장하는 부하들에게 제사를 지내도록 했다. 왜냐하면 백성들이 임금을 직접 찾아갈 수 없어 관원을 통해 사무를 처리하듯이 임금 또한 제사를 담당하는 신하가 왕을 대신하여 의식을 치르도록 했다. 당시 상왕이 가장 많은 제사를 지냈던 대상은 산과 강이었다.

갑골문의 산(山)자❶는 몇 개의 병렬된 산봉우리 모양이다. 악(岳)자❷도 굉장히 많이 등장했는데 산 위에 높은 봉우리가 더 겹쳐진 모습으로 보통 산은 아니었다. 때로는 글자의 아래 산(山)을 화(火)처럼 쓰기도 했는데 이 글자를 확실하게 알게 된 데는 『설문해자』의 힘이 컸다. 『설문해자』에서 이를 이렇게 해석하고 있다.

"악(嶽)은 산으로서 동쪽의 대산(岱山), 남쪽의 곽산(霍山), 서쪽의 화산(華山), 북쪽의 항산(恆山)이다. 그 가운데 큰 집이 있어 왕이 쓰면서 나라 안을 두루 살피며 이르는 곳이다. 산(山)이 의미부이고 옥(獄)이 소리부이다. 𡶳은 고문체이다. 높은 형상이다."("嶽, 東岱, 南霍, 西華, 北恆, 中大室, 王者之所以巡狩所至. 从山, 獄聲. 𡶳, 古文. 象高形)

『설문해자』에 수록된 악(嶽)자의 고문자 자형(𡶳)은 앞선 갑골문 자형까지 거슬러 올라가야 알 수 있다.

연구에 따르면 악(嶽)은 상나라에서 지칭했던 지금의 호산(霍山)을 말하는데 보통 산을 일컫는 말은 아니다. 이는 산서성 호현(霍縣)의 동남쪽에 위치하고 해발 2천 5백 미터 이상이며 그 당시 상나라에서 가장 높은 산맥이었다. 지형 상 높은 산은 바람을 맞아 비가 오기 쉽고 비는 고대 농업 재배의 주요 수원이었기 때문에 농경민족의 숭배를 받았다. 악(嶽)자는 이후 형성자인 악(獄)자로 만들었지만 이 두 글자 모두 통용되었고 이는 흔치 않은 현상이었다.

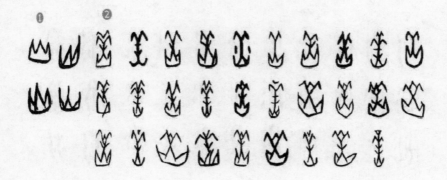

물 하

河

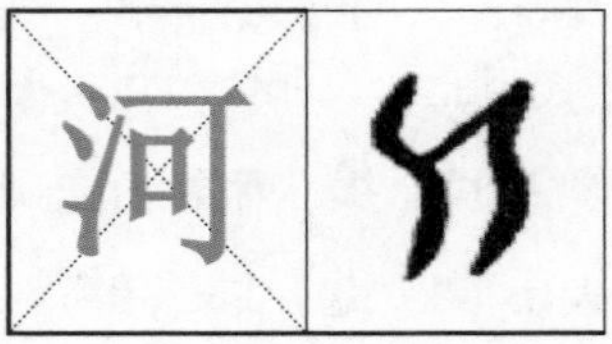

hé

갑골문의 하(河)자❶는 수(水)가 의미부이고 가(可) 혹은 하(何)가 소리부인 형성자이다. 강은 물살의 크기 외에는 개별적인 다른 형상을 그림으로 표현하기 어려워 형성자의 방식으로 표현했다. 상(商)나라에는 각 강마다 개별적인 명칭이 있는데 하(河)는 황하(黃河)의 고유 명칭이다. 그래서 강은 수(水)❷나 천(川)❸으로 표시했다.

상나라 사람들이 거주하는 지역에서 황하(黃河)는 가장 길이가 길고 수량이 많은 강으로 종종 폭우로 인해 길이 바뀌면서 큰 재해를 입기도 했다. 그래서 상나라 사람들은 신의 노여움으로 인한 재앙이라 생각하며 항상 이를 걱정하며 살았다. 『설문해자』에서 하(河)자에 대해 이렇게 해석하고 있다.

"하(𤃴)는 물이 돈황(燉煌) 밖 곤륜산(昆侖山)에서 솟아나 바다로 흘러가는 것을 뜻한다. 수(水)가 의미부이고 가(可)가 소리부이다."("𤃴, 水出燉煌塞外昆侖山, 發原注海. 从水可聲.")

❶   ❷   ❸

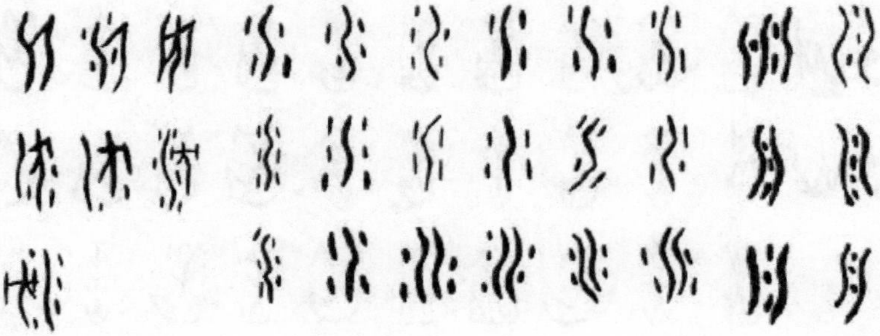

점 복

bǔ

갑골문의 복(卜)자❶는 불로 갑골의 뒷면을 태우면 정면에 곧은 직문과 가로 무늬의 문양을 띠는 형상인데 이것은 점복 행위 이후의 결과로 점복의 의미를 가진다. 복(卜)자의 획은 간단하고 명백하며 그 이후에도 이러한 자형을 계속 유지하고 있다.

금문의 복(卜)자는 이 자형(卜, 卜)이다. 『설문해자』에서 이렇게 해석하고 있다.

"복(卜)은 거북의 껍질을 벗겨서 불에 태운 다음 불에 굽힌 거북의 모양을 본뜬 것이다. 일설에는 거북의 등에 있는 가로무늬와 세로무늬의 형상을 상형한 것이다. 복(卜)부수에 속하는 글자들은 모두 복(卜)이 의미부이다. 卜은 복(卜)의 고문체이다."("卜, 灼剝龜也. 象炙龜之形. 一曰: 象龜兆之縱橫也. 凡卜之屬皆从卜. 卜, 古文卜.")

복(卜)은 거북이나 짐승의 뼈를 태우는 것으로 모두 가로세로 줄의 문양이 나오는데 거북이 등껍질만 태우는 것은 아니었다.

고고학 발굴에 따르면 중국은 5천 4백여 년 전에 뼈로써 점을 치는 풍습이 있었는데 7, 8백년 후의 용산(龍山) 시대에 와서야 보편적인 풍습이 되었다. 뼈로 점을 치는 풍습은 동양 문화에서 흔히 볼 수 있었다. 상(商)나라 이전에는 소, 양, 돼지, 사슴 등 대형 포유동물의 뼈로 점을 쳤는데 그때까지는 거북이 등껍질이 점복의 재료가 아니었다. 하지만 대략 상나라에 이르러 거북이 등껍질을 사용하여 점을 쳤고 사용된 동물의 뼈는 거의 소의 견갑골(肩胛骨)이었다.

뼈를 태워 점을 치는 것은 평범하지 않을뿐더러 보통 사람이 할 수 있는 일도 아니었다. 뼈는 콜라겐을 함유하고 있어 열을 전도하는 물질이기 때문에 불로 뼈를 태우면 그 열은 한 곳에 집중되지 않고 여러 곳으로 전달된다. 그래서 불을 너무 많이 태우면 갑골이 탈 수 있고 또 너무 적게 태우면 균열이 잘 나지 않아 효과가 없다. 하지만 무당들은 아주 쉽게 갑골을 태워 균열이 가도록 했는데 사람들은 이를 통해 무당이 특별한 마력을 가지고 있다고 믿었다.

필자는 한 과학자와 실험을 한 적이 있다. 우리는 뼈를 오랫동안 물에 담가두어 뼛속의 콜라겐이 서서히 용해되는 것을 발견했다. 물을 버리고 뼈를 말리면 불이 뼈에 잘 전도되어 흩어지지 않고 불에 탄 뼈의 부분이 수축되어 뼈가 갈라지면서 무늬가 생긴다. 그리고 갈라진 문양이 형성된 각도에서 보면 판단 질문의 답인 시(是)와 비(非)의 형태로 된다. 그래서 질문하는 문장에 대해 모두 시(是)와 비(非)로 대답할 수 있다. 예를 들어 "내일은 날씨가 맑아 사냥을 갈 수 있습니까?, 저는 내일 비가 와서 사냥을 갈 수 없습니까?" 등의 내용이다.

076

차지할 점

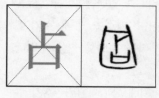

zhàn

갑골문의 점(占)자는 원래 갑골의 한 부분(凵)으로 안에는 복(卜)자와 구(口)자가 있다. 뼈는 문양(卜)의 방향으로 문제의 답을 말해주는(口) 것을 표현하는데 이것은 길흉을 점치는 행위이다. 나중에 뼈의 형상을 생략하고 한 개의 점복 무늬와 입만 남았는데(占) 이 역시 같은 의미이다. 『설문해자』에서 이렇게 해석하고 있다.

"점(占)은 갈라진 금을 쳐다보고 물어보다는 뜻이다. 복(卜)으로 구성되었고 또 구(口)로 구성되었다."("占, 視兆問也, 从卜从口.")

점(占)자에 대한 정확한 해석은 문양의 방향으로 답을 말해 주는 것이다.

옛 사람들은 뼈에도 신이 존재한다고 믿어 그것을 통해 미래를 알 수도 있고 사람들의 어려움을 해결하는데 도움을 준다고 믿었다. 그러나 뼈는 말을 할 수 없어서 문양을 통해서만 답을 얻을 수 있었다. 점복의 절차는 대략 다음과 같았다. 불에 타기 전에 먼저 뼈의 신과 구두로 약속을 하고 어떤 모양의 문양이 어떤 의미를 나타내는지 확인했다.

❶

만약 문양이 갈라지는 방향을 의도적으로 조절할 수 있다면 이는 곧 점을 보는 사람을 내 의지대로 움직일 수 있다는 것과 같았다. 또한 무당은 자신의 뜻이 곧 신의 뜻이라 말하며 이것을 통해 자기가 이루고자 하는 정책을 펼치고 신권이 정치를 통제하는 것에 목적을 두었다.

복골(卜骨)의 문양을 쉽게 나타내기 위해 상(商)나라 후기에는 갑골 뒷면에 장형(長形)으로 구멍을 내고 그 옆에 찬(鑽)이라는 둥근 끌로 파서 태운 뒤 갑골 표면이 쉽게 파열되어 원하는 복(卜)자형의 조문이 되도록 했다. 이런 길고 둥근 끌은 무정(武丁)시대 이후로는 쓰지 않았고 뼈에는 장형의 구멍만 남았는데 이는 아마도 상왕(商王)이 문양의 각도를 조절하는 무당의 비밀을 발견했던 것으로 보인다. 한편, 거북이의 뼈 구조는 다른 동물 뼈와 다르게 불에 태운 후 조문의 방향을 조정하기 어려워 다른 동물 뼈보다 더 영험하다고 여겼다.

특별 부록

박물관의 키덜트(kidult)이자 신세대 학자,
『유래를 품은 한자(字字有來頭)』 저자 허진웅 선생님을 인터뷰하다.

장승함(莊勝涵)(국립정치대학 중문학대학원 박사과정)

　　유학을 갔던 허진웅 선생님은 1986년에 비로소 대만 땅에 다시 발을 디뎠습니다. 그 이전에는 거의 30년 세월 동안 캐나다 로열 온타리오 박물관에서 연구를 하셨습니다. 오랜 시간 박물관에서 축적한 선생님의 경험은 고문자 연구에 시발점이 되었고 연구를 위해 항상 손에 들고 다니셨던 그의 iPad는 선생님과 뗄레야 뗄 수 없는 가장 중요한 친구라고 하셨습니다. 2017년도에 연이어 출판된 『유래를 품은 한자(字字有來頭)』 시리즈는 허진웅 선생님께서 즐겁게 즐기면서 만들어 낸 소중한 성과물이라고 하셨습니다.

　　학문의 길을 걷는 것은 결코 쉽지 않은 길이지만 그래도 한 걸음씩 나아가야만 한다.

　　허진웅 선생님께서는 고문자학은 냉철한 학문으로써 스스로 그 어려움 속에 뛰어들어 길고 긴 외로움을 견뎌야 한다고 하셨습니다. 선생님은 이 길에 들어선 지 30~40년이 되었으나 갑골문 분야의 대가가 되려면 여전히 게임을 즐기는 동심의 여유가 필요하다고 하셨습니다.

초등학교에 입학하기 전 허진웅 선생님은 동무들과 함께 왕예묘(王爺廟) 앞에서 팔가장(八家將: 팔장군으로 왕을 호위하는 8명의 장군을 말함)들을 보며 놀았는데 얼굴에 각양각색의 분장을 한 채 갑옷을 입고 무기를 든 모습, 특히 그들의 우람한 몸매는 사람들의 시선을 사로잡기에 충분했다고 합니다. 이때부터 허진웅 선생님은 세심한 관찰력이 시작된 것 같다고 하셨습니다.

> "전동 장난감이 생긴 이후에 나는 RPG(role playing game: 역할을 수행하는 놀이를 통해 캐릭터의 성격을 형성하고 문제를 해결해 나가는 형태의 게임)를 가장 좋아했어. 가끔 은밀한 구석에 아이템이 숨겨져 있는데 나는 관찰, 분석, 그리고 종합적 단서를 통해 아이템을 찾을 수 있는 방법을 생각해 냈었지. 게다가 이 게임에서는 참을성도 필요했는데 만약 지금 내 레벨이 조금 낮다면 충분한 연습을 거쳐서 레벨을 올린 후 다음 단계로 가야 했거든. 성격이 너무 급하면 이런 게임을 즐길 수가 없어."

허진웅 선생님은 대학시절에 갑골편 탁본을 배웠고 캐나다에 가서는 많은 갑골에 나타나는 찬조(鑽鑿)의 형태 차이를 관찰하면서 갑골문자 형상의 기초에 대한 새로운 기준을 제시하셨습니다. 이 외에도 캐나다에서 처음부터 다시 영어를 배우고 세계 각지의 박물관에서 주최하는 학술 및 행사를 다니면서 사람들과 소통하고 관계를 맺어가는 연습을 했습니다. 이렇게 허진웅 선생님은 자신이 걸어가는 길에서 하나씩 하나씩 배우며 천천히 나아갔습니다.

고등학교 시절 허진웅 선생님은 서점의 책장에 놓여있던 청나라 학자 왕념손(王念孫)의 『광아소증(廣雅疏證)』을 우연히 보게 되었는데 이 책에 흥미를 느껴 언어 계통의 자의(字義)에 대한 분석을 하였고 고대 경서 내용을 상세히 공부하면서 상고사 연구의 기초를 닦으셨다고 합니다. 그리하여 허진웅 선생님은 후에 대만대학 중문학과에 입학하였고 1학년 때 이미 월반을 하여 2~3학년의 필수 과목인 문학과 성운학을 청강하셨습니다.

문자학 경전인 『설문해자』를 읽었을 때를 회상해보면 허진웅 선생님은 한 번도 옛 학자의 견해를 따르지 않았고 오히려 그들이 잘못 해석한 이론을 두둔하는 사람들을 가감하게 지적하셨다고 합니다. 그는 당시 사람들이 갑골사당(甲骨四堂)의 한 명으로 말하던 동작빈(董作賓) 앞에서 단옥재(段玉裁)의 『설문해자주(說文解字注)』의 잘못된 오류를 비평하기도 하셨습니다.

"사실 이전에는 갑골문과 금문을 볼 수 없었기 때문에 2천 년 동안 사람들은 그것을 규범으로 받아들였어. 그러나 지금은 달라. 만약에 옛 사람의 잘못된 오류가 명확하다면 그건 중시하지 않아야 돼."

바로 이때 허진웅 선생님은 역사의 진실을 얻기 위해 먼 갑골문 세계로 직접 찾아 나섰다고 합니다.

TV 속에 보이는 것이 다가 아니니 네 생각을 펼쳐봐!

어린 아이의 천진함에서 나오는 상상력, 진실에 대한 호기심, 고정관념의 틀에서 벗어날 수 있는 용기, 거기에 약간의 진실을 추구하는 고집까지 더하면 이것이 『유래를 품은 한자(字字有來頭)』가 만들어진 사전사(史前史: 문명사(文明史) 이전의 역사, 예를 들면 중국의 5천 년 역사.)라고 해도 과언이 아닐 것입니다. 그러나 이 책의 전체 시리즈가 출판되기까지는 여러 사람의 도움도 있었습니다.

대만으로 돌아왔을 때 허진웅 선생님은 일찍이 30년 동안의 박물관 업무 경험을 총결하여 『중국고대사회(中國古代社會)』라는 중요한 책을 집필하셨습니다. 후에 선생님은 오랜 친구인 황계방(黃啟方)의 추천을 받아 『청춘공화국(青春共和國)』 잡지에 한자 원류를 소개하는 몇 편의 글을 쓰게 되었고 이후 자묘문화(字畝文化) 출판사 사장 겸 편집장인 풍계미(馮季眉)께서 비슷한 성격의 유익한 한자학 총서를 저술할 것을 제안하였다고 합니다. 그것은 바로 대중학계의 연구 성과를 알리는 기회였기에 허진웅 선생님은 바로 동의를 하셨습니다.

당시 중국의 문화가 전 세계를 휩쓸고 있었고 이러한 중국열풍에 따라 '한자'라는 주제의 대중도서 역시 옛 것을 미루어 새로운 것을 창출하는 지식보급 창작이라는 측면에서 꽤 인기 있는 영역이었습니다. 『한자나무(漢字樹: 2012년에 원류출판사업주식회사(遠流出版事業股份有限公司)에서 펴낸 책으로 저자는 류문호(廖文豪)이다. 한자 부수의 체계화 문제를 해결하기 위해 나무 형태로 된 구조로 한자의 부수를 다시 재건하는 내용의 책이다.)』, 『한자 이야기(漢字的故事: 2006년 중앙편역(中央編譯)출판사에서 펴낸 책으로 저자는 울내요(鬱乃堯)이다. 이 책은 세계에서 한자만이 표음과 표의, 상형 등의 특징을 가지고 있고 한자 자체 구조가 풍부하며 깊은 문화적 요소를 담고 있다는 내용의 책이다.)』등의 시리즈 출판물이 대중의 주목을 받았다는 것이 이를 뒷받침하는 가장 명확한 증거였습니다.

이렇게 붐을 일으켰던 한자가 오히려 많은 소주제를 만들어 내자 허진웅 선생님은 다음과 같이 말씀하셨습니다.

"『한자나무』는 기본적으로 기초자가 결합하여 무한대로 문자가 만들어지는 것을 설명하는 책인데 내용을 보면 글자의 본의를 언급하거나 연관된 문화 배경을 포함하는 것이 없어. 그리고 『한자 이야기』는 그 저자가 전문가가 아니기 때문에 책의 내용에 대해 검증할

수도 없어. 물론 나 역시 내 의견이 옳다고 말할 수는 없지만 적어
도 눈을 감고 함부로 말하는 것은 아냐. 내가 말하는 것은 모두 고
고학적인 근거가 있는 거야."

시청률이 높은 중국 사극에서는 시대와 맞지 않은 의상이 자주 나
오며 작(爵)을 사용하여 술을 마시는 장면도 종종 나옵니다. 머리가 잿
빛인 허진웅 선생님의 눈빛이 갑자기 밝아지고 목소리는 점점 더 커져
가며 다음과 같이 말씀하셨습니다.

"이것은 근본적으로 잘못된 거야. 그러나 어쩌겠어. 사회 전체가
TV 내용에 따라 옛날 사람들이 작(爵)을 이용해서 술을 마셨다고
생각하지 아무도 그것이 잘못되었다고 생각하지 않잖아. 심지어 그
것에 대해 아무도 개의치 않지. 작(爵)의 외형을 살펴보면 두 개의
기둥을 가지고 있는데 이전 사람들이 이 기둥은 사람이 술그릇을
들기 편하기 위함이라고 말했어. 그러나 그 두 개의 기둥이 앞을
가로막는다고 생각해봐. 어떻게 술을 마실 수 있겠어? 이건 사람들
이 문물을 집적 접해보지 않았기 때문이야. TV 속에 나오는 내용이
니 당연히 그러려니 라고 생각할 수밖에 없는 거야."

헌 종이더미에서 찾을 수 없는 진실은 스스로 [움직여서] 찾아야 한다.

박물관에서 일했던 허진웅 선생님은 대량의 문물을 접할 수 있었는
데 고문자 학자에게는 천혜의 환경과 다름이 없었습니다. 그러나 모든
사람에게 이런 행운이 있는 것은 아닙니다.

"한 번은 내가 캐나다에서 대만으로 돌아와 고궁과 교류를 한 적이
있었어. 그때 고궁 기물처 주임 장관원(張光遠)이 뜻밖에 나에게 문
화재의 열람 신청을 도와달라고 요청이 온거야. 그때 나는 외국에
서 왔기 때문에 내가 제시하는 요구는 비교적 중시되었거든."

허진웅 선생님은 그 동안 분주하게 미국, 영국, 독일, 일본 등지에 문화재 자료를 고찰했던 기억을 회상하며 지나간 일을 얘기하면서 고문자학 연구에서 자료 수집이 얼마나 중요한지를 간접적으로 설명해 주셨습니다.

　　박물관의 업무는 반드시 인류 고고학, 사회학, 역사학의 시야를 갖추어야 하는데 이는 허진웅 선생님이 전통 중문학의 학자가 되고 싶은 마음을 불안하게 만들었다고 하셨습니다. 예를 들어 '길(吉)'자를 해석하려면 상고의 야금(冶金: 광석에서 금속을 추출·정련하여 사용목적에 적합한 필요한 형상으로 만드는 공정) 기술을 결합한 배경과 갑골문, 금문의 구조를 해석해야 하고 또한 '길(吉)'자가 깊은 구덩이에 부어 주조한 형상을 [공기가 통하지 않기 때문에 내뿜는 열기는 도망가지 못하고 오랜 시간이 지나야 비로소 서서히 식는다.] 대표하기 때문에 주물의 표면은 더욱 매끄럽고 아름다워 좋은 주물을 얻을 수 있어 '아름답다', '좋다'는 의미를 가집니다. 이것은 중문학에서 『설문해자』의 전통적인 문자학만으로는 다루기 힘든 새로운 세계라고 생각하셨습니다.

　　사실 『설문해자』 서문에서는 다음과 같은 내용이 있습니다.

　　'문자란 경서와 예술의 근본이며 왕이 정치하는 시작이다.'

　　그동안 학술과 정치의 내재된 연관성을 드러내는 것은 고고 인류학에 기초한 당대 문자학과는 상당한 차이가 있다고 하셨습니다. 그리고 허진웅 선생님은 다음과 같이 말씀하셨습니다.

　　"나는 성인의 의리(義理)를 추구하지 않고 역사의 진실에 접근하려고 시도하는 것이니 그 목적이 달라. 역사를 이야기할 때 옛 사람을 들어서 책을 외워서는 안돼. 기존의 조건 하에서 합리적으로 해석해야 그것이 진정한 증명인 거야."

1941년에 출생한 허진웅 선생님의 나이를 계산해 보면 이미 77세이시고 집에서 천년을 편안히 보낼 수 있는 연세이신데 여전히 글을 가르치며 iPad를 하고 계셨습니다. 생각해보면 선생님과 고문자학은 인연은 인연인가 봅니다. 게임을 좋아하시는 허진웅 선생님은 여전히 컴퓨터 게임을 즐기시며 최고 레벨에 도달할 때까지 게임은 계속 될 것이라고 하셨습니다. 그리고 이야기 또한 아직 이전 것을 다 깨지 못했기에 계속해서 공부를 해 나갈 것이라고 하셨습니다.

　　　　　　　(원문 게재: 2017.12.7. 본문의 저자 첨삭을 거친 후 게재)

역자 후기

1986년 겨울로 기억된다. 벌써 아련한 35년 전의 일이다. 허진웅 교수님께서 캐나다에서 오랜 외유 끝에 대만으로 돌아오셔서 갑골문 강의를 하신다는 소식을 대만대학의 친구로부터 들었다. 그때 대만대학으로 가서 선생님의 강의를 방청한 것이 처음으로 뵌 인연이다.

처음에 놀란 것은 학문에 대한 선생님의 성실함과 과학적 접근과 분석이었다. 우리에게 강의를 해 주시면서 당시에 나온 갑골문 등에 관한 학술 논문들을 한 편 한 편 컴퓨터 파일로 정리하여 나누어 주셨다. 각 편의 논문마다 해당 논문의 기본 정보, 내용 요약, 문제점, 해결 방안, 참고문헌 등을 기록한 파일을 출력하신 것이었다. 그때만 해도 개인 컴퓨터가 막 보급되기 시작하였고, 다른 사람들은 필사하거나 자료를 잘라 붙인 카드나 노트 등으로 자료를 정리하고 연구하던 시절이라 도트 프린트로 인쇄된 선생님의 자료들은 신선한 충격이 아닐 수 없었다. 게다가 당시로서는 보기 어려웠던 서구의 자료들은 물론 대륙의 다양한 자료들까지 포함하고 있었다. 당시는 대륙의 자료들이 마치 우리들에게서 북한자료인 것처럼 열람이 제한되어 있었다. 이들 자료를 보려면 대만국가도서관의 중국학센터[漢學中心]나 국립정치대학 동아시아연구소에 가서 허락을 득한 후 복사도 불가한 상태에서 손으로 베껴 써야만 했던 때였다. 그랬으니 그 충격과 감격은 가히 헤아릴 수 있으리라.

선생님께서는 캐나다 온타리오 박물관에서 멘지스 소장 갑골문을 손수 정리하시면서 체득한 여러 노하우들도 알려주셨는데, 그 과정에서 발견한 갑골을 지지기 위해 홈을 파둔 찬과 조의 형태에 근거해 갑골문의 시대를 구분할 새로운 잣대의 발견을 이야기할 때는 다소 흥분까지 하신 듯 했다. 동작빈 선생께서 1933년 갑골문의 시기구분 기준으로 제시했던 10가지 표준에 하나를 더 보탤 수 있는 과학적 잣대이자 획기적인 성과였다. 그리고 상나라 때의 5가지 주요 제사에 대해서도 일가견을 갖고 계셨고, 새로운 연구 성과와 경향을 다양하게 소개해 주셨다. 게다가 갑골문 연구, 나아가 한자연구에서 가져야 할 참신한 시각도 많이 제공해 주셨다. 특히 한자를 문헌과의 연계 연구에서 벗어나, 고고학 자료들과의 연계, 나아가 인류학과 연계해야 한다는 말씀을 강조하셨다. 어쩌면 왕국유 선생께서 일찍이 제시했던 한자와 문헌과 출토문헌 자료를 함께 연구해야 하며 거기서 공통된 증거를 찾아야 한다는 '이중증거법'을 넘어서 인류학 자료까지 포함시킴으로써 '삼중증거법'을 주창하셨던 셈이다. 혜안이 아닐 수 없었다. 아마도 선생님께서 캐나다라는 구미 지역에서 오랜 세월 동안 연구하셨기 때문에 이러한 영역을 연계시키고 나아가 '중국인들의 사고'를 넘을 수 있었던 것이라 생각했다.

그 후로 선생님을 마음속에서만 흠모 했을 뿐, 제대로 찾아뵙지도 못하고, 제대로 가르침을 구하지도 못했다. 1989년 귀국하여 군복무를 마치고, 1991년 운 좋게 대학에 자리를 잡아 학생들을 가르치게 되었다. 중국학의 기초가 되는, 또 우리 문화의 기저에 자리하고 있는 한자를 좀 더 참신하게 강의하고자 노력하고 있을 때였다. 그때 정말 반가운 소식을 하나 접하게 되었다. 다름 아닌 선생님의 거작 『중국고대사회』가 동문선출판사에서 홍희 교수의 번역으로 출간된 것이었다. 영어로 된 교재 편집 본을 보고 감탄하며 활용하고 있었는데, 선생님의 학문 세계를 망라한 그 방대한 책이 우리말로 번역되어 한국 독자들에게 소개된 것이다. "문자와 인류학의 투시"라는 부제가 붙어 있듯 이 책은 각종 고고학과 인류학적 자료와 연구 성과들을 한자와 접목하여 그 어원을 파헤치고 변화 과정을 설명한 책이다.

너무나 기뻐 내 자신이 몇 번이고 숙독을 했음은 물론 학생들의 교재로 사용하기도 했다. 지금 생각하면 그 두껍고 상당히 학술적이기까지 한 책을 통째로 익히게 했으니 학생들이 꽤나 고생하고 원망도 많았다. 하지만 당시에는 미국과 캐나다의 중문과에서도 여러분과 같은 또래의 학부학생들이 이 책으로 꼭 같이 공부하고 있다고 하면서 경쟁력을 가지려면 한자문화권에 사는 여러분들이 이 정도는 당연히 소화해야 하지 않겠냐며 독려했던 기억이 생생하다.

필자가 지금하고 있는 한자의 문화적 해석과 한자의 어원 연구는 사실 허진웅 선생님의 계발을 받은 바가 크다. 필자의 한자 연구를 '한자문화학'이라는 구체적 방향으로 가도록 해 준 책이 바로 이 책이기 때문이다. 그러다 1994년 숙명여대 양동숙 교수님의 주관으로 한국에서 전무후무한 성대한 갑골학 국제학술대회가 열렸다. 중국 대륙의 구석규, 왕우신 선생님을 비롯해 허진웅 선생님까지 오신 것이다. 저도 어린 나이었지만 초대되어 부족하지만 「갑골문에 나타난 인간중심주의」라는 논문을 발표하여 좋은 평가를 받았으며, 그 이후로 한자문화학이라는 이 방향이 지속 가능한 연구임을 확인하게 되었다.

그 이후로는 선생님을 직접 뵐 기회가 없었다. 중국이 개방되면서 주로 대륙을 드나들면서 상해의 화동사범대학 등과 공동 연구를 주로 하면서 대만을 갈 기회가 없었기 때문이다. 그래도 선생님의 책은 꾸준히 사 모았다. 그리고 블로그 등을 통해서도 선생님의 활발한 학술활동과 연구경향 등을 확인할 수 있었다. 컴퓨터를 여전히 잘 운용하시는 선생님의 모습이 그려졌다.

그러다 2019년 5월 대만문자학회의 초청으로 학술대회에 참여했다가 서점에서 선생님의 『유래를 품은 한자』 7권을 접하게 되었다. 그간의 선생님의 관점과 연구 성과를 담은 결과물을 보다 쉽게, 보다 통속적으로 기술한 책이었다. 나이 여든이 된 세계적 대학자께서 그 연세에 청소년들을 위해 큰마음을 잡수시고 이 방대한 책을 펴냈을 것임을 직감했다. 날이 갈수록 한자를 학문적 근거 없이 편한 대로 이해하는 세태, 그 속에 담긴 문화적 속성에 대한 이해 없이 단순한 부호로만 생각하는 한자, 그리고 줄어만 가는 중국 전통문화의 연구 등등, 이러한 풍조를 바로 잡고 후학들에게 관심을 가지게 하려면 어린 청소년부터 시작하는 게 옳다고 생각하셨을 것이다. 그래서 보통 대학자들이 잘 하지 않는 통속적 저술 쓰기를 손수 실천하셨던 것이다. 사실 전문적 학술 글쓰기보다 훨씬 어려운 것이 대중적 통속적 글쓰기이다. 고희를 넘어서 산수(傘壽)에 이르신 연세에 노구를 이끌고 이런 작업을 하신 선생님의 고귀한 열정을 우리 모두 깊이 새겨야 할 것이다.

대만 학회를 마치고 오는 길에 이 책을 번역하여 한국 독자들에게 소개해야겠다는 결심을 했다. 그것이 선생님께 진 학문적 빚을 조금이라도 갚고 선생님의 지도에도 감사하는 한 방식이라 생각했기 때문이다. 돌아오자마자 해당 출판사에 번역 제의를 했고 선생님께도 이 사실을 보고해 도움을 달라고 부탁드렸다. 출판사도 선생님께서도 모두 흔쾌히 허락해 주셨다. 다만 『유래를 품은 한자』 7권과 곧이어 나올 『갑골문 고급 자전』까지 총 8권의 방대한 저작을 한꺼번에 제대로 번역할 수 있을까 하는 걱정도 갖고 계셨다. 그러나 저는 개인이 아니라 한국한자연구소의 여러 선생님과 함께 하는 팀이 있다고 말씀드렸고, 저의 책임 하에 잘 번역하겠다고 약속드렸다. 물론 연구소의 인원 모두가 참여한 것은 아니지만 중국학 전공으로 자발적으로 참여하신 선생님들을 위주로 번역 팀이 꾸려졌다.

그리고 2020년 1월 초, 한자의 시원이라 할 갑골문 발견 120주년을 기념하는 국제학술대회와 한중갑골문서예전을 우리 연구소에서 개최하기로 되어, 이 자리에 선생님을 모셨다. 고령이기도 하시거니와 외부 활동을 잘 하지 않으시는 선생님이었지만, 초청에 흔쾌히 응해 주셨다. 한국은 숙명여대 학술대회 이후 약 25년 만에 이루어진 방문이셨다. 아마도 우리 연구소와 번역 팀이 어떤지를 확인해 보고 싶기도 했을 것이라 생각한다. 이번 학회에서도 선생님께서는 유가의 3년 상의 전통이 우리가 상상하는 것보다 훨씬 이전인 상나라 때부터 존재했다는 가설을 갑골문과 관련 고고자료들을 통해 논증해주셨다. 언제나 어떤 학회를 가시더라도 항상 참신한 주제에 새로운 성과를 발표해 주시는 선생님의 학문적 태도에 다시 한 번 감동하지 않을 수 없었다.

우리 한국한자연구소는 한국한자의 정리와 세계적 네트워크와 협력 연구를 위해 2008년 출범한, 아직 나이가 '어린' 연구소이다. 그러나 한자가 동양문화의 기저이며, 인류가 만든 중요한 발명품의 하나이자 계승 발전시켜야 할 유산이라는 이념을 견지하며 여러 가지 다양한 활동을 하고 있으며, 세계한자학회의 사무국도 유치했다. 마침 2018년 한국연구재단의 인문한국플러스(HK+)사업에 선정되어 한국, 중국, 일본, 베트남 4개국의 한자어휘 비교를 통한 "동아시아한자문명연구"를 진행하고 있다. 2025년까지 이 연구는 지속될 것이다. 한자는 동아시아 문명의 근원이고, 한자 어휘는 그 출발이 개별 한자이다. 한 글자 한 글자 모두가 중요한 개념을 글자 속에 담고 있고 수 천 년 동안 누적된 그 변화의 흔적들을 새겨 놓은 것이 한자라는 문자체계이다. 그래서 한자에 대한 근원적이고 철저한 이해는 이 모든 것을 출발점이자 성공을 담보하는 열쇠라 생각한다.

그런 의미에서 이 『유래를 품은 한자』는 우리 사업과도 잘 맞는 책이며, 통속적이고 대중적이지만 결코 가볍지도 않은 책이다. 허진웅 선생님의 평생에 걸친 연구 업적이 고스란히 녹아 있는 결정체이다. 특히 『갑골문 고급 자전』은 최신 출토 갑골문 자료를 망라함은 물론 평생 천착해 오신 갑골문과 한자어원 및 한자문화 해석에 대한 선생님의 집대성한 가장 최근의 저작이다. 이들 책에서 한자를 단순히 문자 부호가 아닌 문화적 부호로 보고 이를 문화학적 입장에서 해석하려는 노력이 특별히 돋보인다. 독자들에게 한자를 고고학과 인류학과 연결하여 보는 눈을 열어주고 한자에 담긴 새로운 세계를 인류의 역사와 함께 탐험하게 할 것이다. 그 어떤 저작보다 창의적이면서도 학술적이라 확신한다. 우리에게서도 점점 멀어져만 가는 한자, 이 책을 통해서 한자의 진면목과 숭고한 가치를 느끼고 한자와 가까워질 수 있을 것이라 믿는다. 그리고 한자에 담긴 무한한 지혜와 창의성을 체험하는 재미도 느끼게 해 줄 것이다.

다소 장황한 '후기'가 되었지만, 허진웅 선생님과의 인연과 필자가 한자 문화학의 길로 들어서게 된 연유, 그리고 그 과정에서 선생님께 입은 은혜에 대해 감사 표시라 이해해 주시기 바란다. 아울러 이 방대한 책을 빠른 시간 내에 번역할 수 있도록 참여해 주신 김화영, 양영매, 이지영, 곽현숙 교수님께도 감사드리며, 여러 번거로운 일을 마다않고 도와준 김소연 디자이너, 이예지, 최우주, 김태균, 박승현, 정소영 동학에게도 고마움을 표한다.

2020년 12월 20일
역자를 대표하여 하영삼 씁니다.

출현한자 찾아보기

저자/역자 소개

허진웅(許進雄)

1941년 대만 고웅 출생, 국립대만대학 중문과 졸업 후 1968년 캐나다 토론토의 로열 온타리오박물관 초청으로 멘지스 소장 갑골문을 정리, 갑골문 시기 구분 표준을 제시하는 등 갑골문 연구의 세계적 권위가가 됨.
1974년 토론토대학 동아시아학 박사학위 취득, 동아시아학과 교수 부임. 1996년 대만으로 귀국, 국립대만대학 중문과 특임교수로 재직, 2006년 퇴임 후 현재 세신대학 중문과 교수로 재직.
주요 저서에 『중국고대사회』, 『실용 중국문자학』, 『허진웅 고문자학 논문집』, 『문자학 강의』, 『갑골복사의 5가지 제사 연구』, 『갑골의 찬조 형태 연구』 등이 있다.

곽현숙(郭鉉淑)

경남 마산 출생으로, 경성대학교 HK+한자연구문명사업단 HK연구교수, 대한중국학회 학술이사, 한국중국언어학회 섭외이사로 활동하고 있으며, 부산대, 부경대, 경남대 등에서 강의를 했다. 경남대학교 중문과를 졸업하고, 중국 상해화동사범대학에서 박사 학위를 취득했으며, 한국 조선시대 및 근대시기에 출간된 자서류에 반영된 한자 의미의 변천 과정 및 변별적 의미를 연구하고 있다.
저역서로는 『한국 근대한자자전 연구』, (표점교감전자판) 『자류주석』, 『한선문신옥편』(상·하), 『회중일선자전』, 『실용선화대사전』, 『해양 문명론과 해양중국』 등이 있고, 논문으로는 '『자류주석』 어별류에 나타나는 어휘장 연구', '동아시아의 담배 명칭 고찰', '『한선문신옥편』에 나타나는 한국 고유한자의 특징 고', '『자류주석』 이자동석 '잔'의 변별적 의미 분석' 외 다수가 있다.